赚钱的逻辑

普通人的生财之道

[日]午堂登纪雄 著
蒋奇武 译

お金の才能
一生お金に困らない人生戦略

浙江人民出版社

图书在版编目（CIP）数据

赚钱的逻辑：普通人的生财之道 /（日）午堂登纪雄著；蒋奇武译. — 杭州：浙江人民出版社，2023.7
ISBN 978-7-213-11082-5

Ⅰ. ①赚… Ⅱ. ①午… ②蒋… Ⅲ. ①投资—通俗读物 Ⅳ. ①F830.59-49

中国国家版本馆CIP数据核字(2023)第091489号

浙江省版权局
著作权合同登记章
图字：11-2022-086号

OKANE NO SAINOU
by TOKIO GODO
Copyright © 2009 TOKIO GODO
Original Japanese edition published by KANKI PUBLISHING INC.
All rights reserved
Chinese (in Simplified character only) translation rights arranged with
KANKI PUBLISHING INC. through Bardon-Chinese Media Agency, Taipei.
Simplified Chinese translation copyright © 2023 by Zhejiang People's Publishing
House, Co., LTD.

赚钱的逻辑：普通人的生财之道
ZHUANQIAN DE LUOJI: PUTONGREN DE SHENGCAIZHIDAO
[日] 午堂登纪雄 著　蒋奇武 译

出版发行：浙江人民出版社（杭州市体育场路347号　邮编：310006）
　　　　　市场部电话：(0571) 85061682　85176516
责任编辑：潘海林
特约编辑：陈世明
营销编辑：陈雯怡　张紫懿　陈芊如
责任校对：何培玉
责任印务：幸天骄
封面设计：末末美书
电脑制版：北京之江文化传媒有限公司
印　　刷：杭州丰源印刷有限公司
开　　本：880毫米×1230毫米　1/32　印　张：7
字　　数：120千字
版　　次：2023年7月第1版　　印　次：2023年7月第1次印刷
书　　号：ISBN 978-7-213-11082-5
定　　价：58.00元

如发现印装质量问题，影响阅读，请与市场部联系调换。

前 言

学会理财技能，一辈子不会为钱所困

何谓"理财技能"

当听到"理财技能"这个词时，你会想到什么？

有人立马会想到"节省"，有人会下意识地认为"我可没有那个本事"，还有人恐怕会觉得"理财好像很难吧"。

本书介绍的"技能"并不是单纯的"节省"或者"存钱"。其实，掌握这些技能并不难，每个人都可以学会。

赚钱的技能是一种为了过上充实的生活，将金钱当成工具，并且能够随心所欲地操纵这种工具的能力。为此，我们要打破某些所谓的常识，消除对金钱的固有观念，培养正确的习惯。

举个例子，你认为下面哪种观点是正确的？

- 经济不景气的时候要节省。
- 长期分散投资是有效的。
- 不好好经营个人资产的话，晚年就会过得很辛苦。
- 信托投资非常适合初学者。

其实，这些观点都是不正确的。这些观点充其量是人为制造出来的常识，本书将会详细阐述具体原因。

此外，我们还会听到"买了一些根本用不到的东西""因为听信了别人的话，买了某个垃圾金融产品""一直相信公司并努力工作，却失业了""明明毕业于一流大学，收入却越来越低"之类的声音。

之所以会发生这样的事情，是因为我们遵循了别人制造的常识，在别人创建的系统里生活。所以，我们必须让自己摆脱这种社会常识的束缚。

当今社会倡导人们要平衡工作与生活，也就是不加班，轻松完成工作、取得成果。这意味着大家都在疯狂地逃避努力。

也就是说，现在正是你脱颖而出的好时机。

因为无论在哪个领域，都没有人能够打败那些没有上下班概念且时时刻刻都对工作充满激情的人。

金钱也是如此。如果我让你思考一下有关金钱的问

前　言

题，那么你可能会觉得"很麻烦""很讨厌"或者"现在根本不需要"。

事实上，这些想法会导致我们停止思考，一旦有人直接给出了简单明确的答案，例如"这个很划算"或者"这个方法很好"，我们就会不由自主地扑上去。

当然，本书只是介绍一种思考方式或者素材，至于什么方法是适合自己的，读者必须自己寻找答案。

正是由于身处这种信息泛滥、不肯静心思考的风潮当中，那些试图寻找答案的人，才能获得对生活的控制权。希望读者能够在本书中感受到这一点。

五种理财技能

本书所要阐述的理财技能包括"存钱的技能""解读信息、操控金钱的技能""生钱的技能""花钱的技能""赚钱的技能"。

一旦掌握了存钱的技能，我们就可以轻松、高效地积累财富。这种技能可以帮我们练就一种从容的心态，让我们在紧急情况下有所准备，或者在机遇到来时抓住它。

一旦掌握了解读信息、操控金钱的技能，我们就可以识别外界信息的真伪，并正确决定金钱的进出。有了这种技能，我们就不会被信息冲昏头脑而做出非理性的判断。

一旦掌握了生钱的技能，那么无论是睡觉的时候还是旅行的时候，我们都可以通过钱生钱这种"信用创造功能"来实现财富的增长。

一旦掌握了花钱的技能，我们就可以将资金用于投资而不是浪费，以最小的支出获得最大的收益，从而获得满足。

一旦掌握了赚钱的技能，哪怕时代和环境都发生了变化，哪怕失业，我们也能够生存下去。即便当下身无分文，"相信自己在任何情况下都能赚钱"的强大信心就是致富的法宝。

在现代社会，金钱是一种工具，说它是万能的，一点也不夸张。因为对于我们这些生活在金钱流通的经济体系中的人来说，日常生活中的大多数问题都可以用钱来解决。

为了守护自己和家人的生活，完成自己想做的事情，掌握自己人生的方向盘，我们必须提高这些"理财技能"。

节省是通向贫穷的最短捷径

"避免在非紧急或不必要的物品上花钱。"
"尽量买便宜的东西。"

节省的确很重要。
我们有必要降低生活的盈亏平衡点，建立一个低成本的生活体系。

前　言

在遭遇诸如减薪之类的紧急情况时，这种"止血"措施是有效的。因为增加收入需要一定的时间，而削减成本的效果会立马显现出来。

但是，考虑到未来可能出现的社会趋势（税收增加或社会保障等方面的负担增加），我们仅靠节省是跟不上时代发展的。

例如，在日本，假设消费税由5%提升至10%，那么对于每个月花费20万日元的人来说，每个月就会增加1万日元的生活成本。如果健康保险费和养老金保险费也上涨的话，他们的生活就会变得雪上加霜。这样一来，人们可以使用的钱就会越来越少，生活也会变得越来越不方便。

在日本，如果一个人每个月到手的收入是20万日元，那么无论如何节省，他能支出的上限都是20万日元。

有一个故事，说的是一头大象被绑在木桩上喂养了几十年，当它被解开枷锁，重获自由后，却无法从木桩的周围离开。

所以，当我们试图通过省吃俭用在收入范围内生活时，我们就会变得和那头大象一样。

节省会让你陷入"穷人思维"

推崇节省的最大问题在于，它会导致思维贫乏。

节省很简单，我们只须忍着不买东西即可，或者通过货比三家，买价格便宜的那个就行了。

对于房子、家电、衣服、手机和蔬菜的价格，我们现在只须在网上比较一下，就可以不费吹灰之力找到最便宜的。

然而，没有多少人愿意在经济不景气的时候认真考虑"如何增加收入"。为什么呢？因为要想增加收入，我们就须要更深入的思考和更彻底的行动。

这是一件非常麻烦的事情。

的确，节省需要发挥聪明才智，但与增加收入所需的聪明才智相比，二者有着天壤之别。

具体内容稍后阐述，作为"自己公司"的CEO，我们需要转变思维方式，将"自己"这个产品的吸引力和价值最大化。

年收入3000万日元的人
和年收入300万日元的人的区别是什么

同样一天工作8小时，有些人年收入300万日元，而有些人年收入3000万日元。

一天有24小时，对每个人来说都一样，所以年收入3000万日元的人的工作时间并不是年收入300万日元的人的10倍。也就是说，收入不一定与工作时间成正比。

前 言

那么，两者的区别到底是什么？

答案就是"思维方式"和"行动能力"。

比如，一个人周五晚上和同事去酒馆，一边抱怨公司和老板，一边喝到深夜，这是很常见的情景。

但这是一个年收入3000万日元的人会做的事情吗？

人在一生中会遇到许许多多的岔路口，选择的道路和采取的行动决定了人生的轨迹。

也就是说，虽然你现在的年收入是300万日元，但这是你迄今为止所做的一切的结果，你只是做出了这样的选择并采取了行动而已。

所以，如果想让年收入达到3000万日元，我们就必须放弃年收入300万日元的人的思维方式，转向年收入3000万日元的人的思维方式和行动能力。

也就是说，我们必须摆脱"迄今为止我都做了些什么"的心态，跳出过去的思维模式，把注意力转向"今后将要做什么"，这将决定自己三五年后的样子。

体育界的人常说："等到比赛开始后再感叹训练不到位的话就为时已晚。"所以，我们接下来的行动关系到几年后自己能否对"那时候咬紧牙关坚持了下来"感到欣慰。

抱怨经济衰退和逆境不会改变任何事情。

我们不如把它看作对自己的智慧和勇气的考验，看自己如何把这种情况转变为机遇，或者如何从这种情况中找到机遇。

一个越来越"卷"的时代即将到来。

如果本书能够帮助读者提高自身在理财方面的技能,帮助大家过上一种不为金钱所困扰的生活,我将不胜喜悦。

午堂登纪雄

目 录

第 1 章 存钱的技能 / 001

以较低的成本达成同等满足的能力 / 003

人寿保险并非一定要买 / 013

无须在教育上花费巨资 / 018

重新考虑一下生活中最大的开支——居住成本 / 022

做出与众不同的明智选择 / 033

第 2 章　解读信息、操控金钱的技能 / 043

磨炼对信息的感知力，培养洞察力 / 045

重点不是"投资了什么" / 051

投资顾问可信吗 / 058

如何应对通货膨胀和通货紧缩 / 062

从多角度解读信息 / 068

第 3 章　生钱的技能 / 073

赚钱所需的心理准备 / 075

让资产只增不减的理念 / 084

赚钱的秘诀是什么 / 089

投资常识可靠吗 / 097

信托投资能让资产增值吗 / 103

投资金融产品不赔钱的理念 / 109

购买金融产品实现资产增值 / 118

实现资产增值 / 126

目 录

第 4 章　花钱的技能 / 137

让钱花得更有价值 / 139

把钱花在自我投资上 / 146

怎样才能更加"高大上"地花钱 / 150

把钱花在别人身上 / 153

按照自己的价值标准花钱 / 158

第 5 章　赚钱的技能 / 165

就算孑然一身也要有赚钱的能力 / 167

正是因为不景气所以才要尝试创业 / 171

未来会赚钱的人必须具备什么能力 / 178

如何进一步提高自己 / 185

掌握更多的理财技能 / 195

后　记 / 206

参考文献 / 208

第1章

存钱的技能

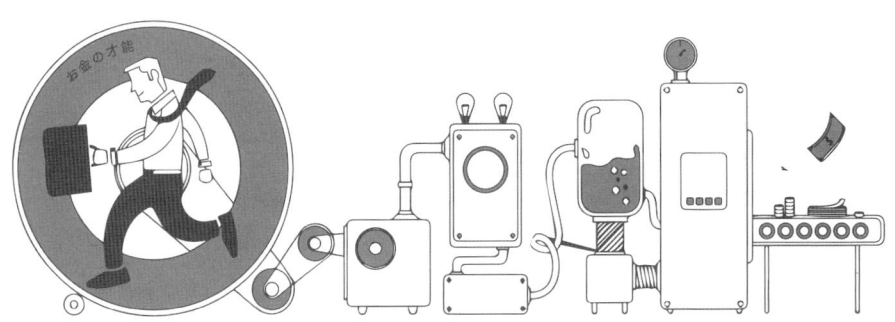

以较低的成本达成同等满足的能力

每件事都有多种选择

明明没有浪费钱，还处处省吃俭用，但不知为何，我们就是攒不下钱来……

在这种情况下，我们可能没有区分"必要开支""弹性开支"和"隐性浪费开支"。

假设上班的丈夫和兼职家庭主妇的妻子各有一辆轿车。

如果他们生活在农村地区，车就是必不可少的交通工具，所以他们需要两辆车，车就是"必要开支"。

但是，车并不一定得是轿车，所以他们可以选择两辆轻型车①，或者将其中一辆车用摩托车来代替。

另外，他们为孩子买的教育保险是一笔"弹性开支"，因为有则更好，没有的话，也可以用储蓄来代替。

还有，他们在过节回老家、黄金周外出游玩等活动上会花费较多。这是一个不易被发现的"隐性浪费开支"。

有时候，我们会因为"大家都这么做""就应该这样啊"而认为这是理所当然的，便下意识地付钱了。

从福岛前往大阪，我们可以选择坐飞机、坐新干线、开汽车或骑摩托车等多种方法。

飞机既可以从福岛直飞大阪，也可以途经新潟机场中转。或者，福岛的朋友可以先开车去东京，再换飞机前往大阪。

每件事情都应该有多种选择。

所以，不要马上付钱，先停下来想一想："还有其他的选择吗？"

做出让人满意的选择，
而不是毫无目的地节俭

存钱的技能并不是无目的地一味节省，它意味着"用

---

① 根据日本轻型汽车协会联合会的规格介绍，凡是长度3.4米以下，宽度1.48米以下，以及发动机排气量不大于660立方厘米的车，皆被视为轻型车。——译者注

第 1 章 存钱的技能

低成本做出令人满意的选择"。

"如果能得到同样的满意度和效用,那么我们会选择价格更低的物品。"

"进行选择的时候,我们不要以想要的东西为中心,而要以必要的东西为中心。"

"我们要将支出重心从物品转移到事情上。"(我们将在第4章讨论)

通过养成这些习惯,我们的目标是让自己达到一种无压力存钱的状态,而不是时刻感觉自己在存钱。

或许,你会认为:这不就是"节省"吗?但与"节省"不同的是,我们优先考虑的是获得更高的满意度和效益,并以较低的成本去实现这一目标,而不仅仅是降低生活水平。

因此,我并不认为购买高价商品不好,即使在别人看来这是浪费。如果这是一笔投资性开支,我就会毫不吝啬地花钱。

获得的利润-支出=满意度

这个公式意味着选择并采取行动,以确保这种满意度达到最高。

顺便说一下，支出不仅仅包括金钱，还包括时间和精力。

如果一个人只是为了买一份便宜的鸡蛋，而花一个小时去邻镇的超市，那么除非他闲着没事，否则一般人是不会这么做的，因为这不值得。

事先了解自己的时薪

你可以将"是否值得"作为判断的指标，考虑一下自己的时薪。

如果你的月收入是40万日元，假设你一个月工作20天，每天工作8小时，那么你的时薪是2500日元（40万日元÷160小时）当然，你还有奖金和带薪休假，所以严格来说这个数字有点出入，但差不多。

如果你花了一个小时的时间做其他事，但是能够节省超过2500日元的支出，这通常是一个值得的选择。

算一算自己的时薪

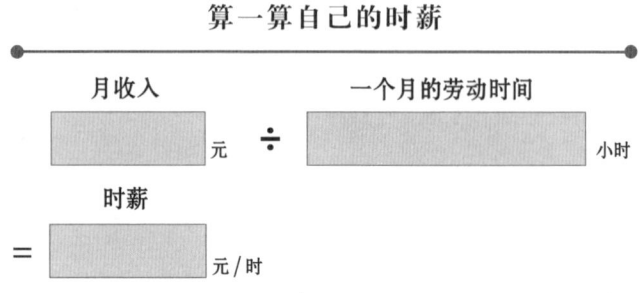

第 1 章　存钱的技能

你每分钟的薪水大约是42日元。这就意味着，与其仔细看超市的特价传单，还不如一眼就定下来，因为这样做更合理。

你也可以决定自己是否应该亲自去做。

假设你的车爆胎了，你必须换一个新轮胎。在日本，如果你打电话给日本汽车联合会（JAF），它帮你换需要1万日元，这就意味着，如果你能在4小时内将轮胎换好，那么你最好自己动手（通常不到30分钟就可以换好）。

用工资过日子，别指望奖金

在大多数日本公司，奖金与业绩挂钩。

这意味着，以奖金为前提来规划生活存在很大的风险。

因此，别把奖金视为收入，我们要在根本不指望奖金的前提下规划生活。

如果仅靠工资收入，我们就要提前妥善安排好生计。

这样一来，奖金就完全成为意外的临时收入。那么，有了奖金后，我们就可以用奖金来练手，将其用于资产管理训练或自我投资。

考虑系统化

为了防止浪费钱，或者为了无压力地存钱，我们还可以针对不同的用途使用不同的账户。

例如，建立一个储蓄账户和一个投资账户，一旦有工资进账，一定数额的钱就会通过自动转账功能分别转入这两个账户。这样一来，钱也就自然而然地自动存起来了。

设置自动转账确实有些麻烦，可一旦办好手续，存钱就会由"系统"自动完成。所以，就算花费一个午休的时间去做这件事也是值得的。

我自己也是用这种方法存下了购房的首付款。

虚荣就是成本

希望获得"与他人相比的优越感"是影响我们消费的因素之一。

在我以前换新车的时候，隔壁邻居也换了新车。然后，邻居的邻居也换了新车。我本以为这纯属巧合，但一问周围的人，他们说这是常有的事，并非巧合。

前不久，我听一个带孩子的女编辑说，日本高档小区附近公园里的宝妈们在意的是婴儿车的品牌。

正如"虚荣就是成本"这句话所说的那样，"想要被异性或其他人看好，希望获得与他人相比的优越感"的心理会让人产生强烈的自卑感，导致一些人在外表上支出过多。

有些人可以通过整容手术消除自卑感，改变人生。但如果我们不在乎外表，我们根本就不会烦恼，自然也就不会有支出了。

虽然不在意也是一个问题，但是只要不在意异性的眼光或者不与别人做比较，我们就不会在多余的东西上花钱。

养成低成本生活的习惯

经历极端贫困生活有助于养成低成本生活的习惯。

尽管我不建议无目的地省钱，因为那样做会让我们陷入"穷人思维"，但如果是为了"改善生活习惯"而进行训练的话，那么我们可以试着在一段时间内俭省度日，这会产生意想不到的效果。

我曾经有一年超级节俭的生活经历，节省下了购房所需的首付款。我将三分之二的工资转到另一个账户存起来，奖金分文未动。

我有两辆车，卖掉了其中一辆，另外一辆的保险通过比价降低了成本。我的信用卡换成了免年费的，午餐的均价也下调到了350日元。我没有添置任何衣服，仅仅是轮换着穿现有的衣服。

通过这样的生活，我认清了以下几点：

- 我曾经把钱花在了一些无关紧要的事情上。
- 即使是相同品质的商品和服务，我们也会发现还有很多更便宜的选项。
- 有些东西，即便钱少花了，满意度也不会改变。
- 很多东西没有也没事，自己并不会在意。

大家应该有过这样的经历吧！当开车从高速公路下来，进入一般道路行驶的时候，即使车速是60千米/时，我们也会觉得车速很慢。

同样，如果我们能坚持过上一段节俭的生活，这个过程就会慢慢起作用。即使恢复正常的生活，我们也会下意识地筛选出真正需要和不需要的东西，从而打造一个低成本的生活品质。

从这个意义上说，如果你的孩子考上了大学，你可以把他们的生活费降到最低限度，让他们体验一下拮据的生活。

这样做会对孩子产生一些教育效果：知道缺钱带来的不便，感念父母的恩情，认识到工作赚钱的可贵，学会控制自己的欲望，以及可以管理自己的生活。

第 1 章 存钱的技能

考虑把固定成本变成可变成本

要想精简家庭支出，我们首先要实现支出"可视化"，详细写下自己在什么物品上到底花了多少钱。

然后，我们要确定优先级，把真正需要的东西和其他东西分开。

这些是常见的方法。

家庭中的可变成本（也就是没有确定支付时间和频率的支出）有很多，还有很多可以削减的地方，比如外出就餐和衣服之类的花费。

让我们感到麻烦的是每次都必须支付的固定成本。

固定成本包括人寿保险费和学费等。

例如，在公司经营中，如果固定成本（比如房租、设备租借费和员工工资）高，那么当业绩不好的时候，这就会成为一个沉重的负担。

因此，创业的理念是，从固定成本不高的业务开始。在获得稳定的利润之前，创业者不要进行大规模的成本投资。

为了减少销售波动带来的资金周转风险，我们可以采取一些措施，比如降低办公室的租金，不直接雇用员工（外包），不租赁设备，以及不借贷。

家庭开支也一样，我们要试着削减固定成本，不增加支出，除非万不得已。

一旦生活中的固定成本过高,我们就会难以应对收入的减少和生活环境的挑战。如果我们可以削减固定成本,或者将其变成可变成本,我们就能适应这些变化了。

人寿保险并非一定要买

不要"盲目地"投保,先用储蓄代替

人寿保险可以说是仅次于房产且占家庭支出比例很大的一笔固定费用。

如果所选人寿保险费用每个月是1万日元,一年的费用就是12万日元,投保30年的话,我们总共需要付360万日元。如果每个月是2万日元,那么我们投保30年总共需要付720万日元。如果每个月是3万日元的话,那么我们投保30年总共需要付1080万日元。

由于每个月支付的人寿保险金额不大,我们通常不会太在意,但是总的保费是一笔巨大的开支。

但是，有些人不知道，很多医疗费用可以通过医疗保险进行报销。

我们要好好搜集这些信息，在此基础上考虑"什么时候需要人寿保险，真正需要的保障额度是多少"。

原则上，我们不要"先投保"，而是"用储蓄来应对风险或意外，用保险来弥补无法填补的部分"。

人寿保险可能是一场赌博

人寿保险就是选择必要的保额进行投保，为发生意外时提供一份保障。

那么，"发生意外而身处困境"是什么时候呢？

对于大多数人来说，就是孩子还小且配偶无法外出务工的时期，也就是孩子从出生到长大成人的大约20年。

这意味着，如果你是单身，那么你几乎不需要购买人寿保险。如果你的配偶有工作，那么购买人寿保险的必要性也不是很高。

根据日本厚生劳动省2005年公布的生命表，30岁的男性活到60岁的概率为91.5%。也就是说，100个30岁的男人，其中约91个人都能活到60岁。

从统计学的角度来看，"在真正需要保障的时候（孩子长大之前），人们在很大程度上是不会出意外的"。这意味着，我们购买人寿保险大概率是不划算的。

保险公司通过数十年的数据积累和概率计算，建立起了一套盈利机制，所以大部分用户是占不了便宜的。

大多数人认为，"作为家庭支柱，买份保险是理所当然的"，但这只不过是保险公司为了营销而制造出来的"生活常识"。

不要被诸如"那是对家庭的爱"这样的单纯道德观念和诸如"结婚后应该买保险"这样的成见束缚。

在退保之前重新评估

我的一位熟人告诉我，她的丈夫在买了人寿保险两个月后就去世了，多亏了那份保险，她才得以安心生活。

有句话是"人生之路有上坡路，也有下坡路，还有第三条叫'意外'的路"。

这种"意外"或许会发生，或许不会发生。

风险管理就是做好应对发生意外的准备，这就是购买保险的意义所在，这个道理也是说得通的。

因此，对于那些已经购买保险的人来说，要试着去认真核对所需保险的期限和金额，然后取消保险中多余的特约条款。

考虑到孩子成年之前的生活费和学费，在日本，必要的保额需要3000万~5000万日元。当然，孩子越多，负担越重。

不过，这是假设你的配偶在你去世后不会再婚。如果你的配偶考虑在你去世后再婚，保障额度就会有所不同。

一般有抵押贷款的人通常会购买集体信用人寿保险[①]。这也被认为是人寿保险的一种。

当然，下定决心退保也是一种方法。不过，中途退出保险，即使有退款，你也会所剩无几。

如果你现在已经购买了一份保险，那么你应该以续保为前提对保险进行重新审视。如果你依然觉得这份保险没什么用，你就可以考虑退保。

有些人无须购买人寿保险

有些人无须购买人寿保险，这似乎有悖常理，但这是真的。你觉得这些人是什么样的人呢？

认为自己"不会轻易死掉"的人。这样的人不用购买保险。

据说，那些不因小事烦恼、努力生存的人不会那么容易死去（相反，神经质的人的寿命更短）。

---

① 集体信用人寿保险是一种生命保险，如果房贷名义人死亡或成为严重残疾人，保险公司就会支付房贷名义人未还的房贷。——译者注

第 1 章　存钱的技能

事实上，有些老奶奶年过七旬，仍然精力充沛，喜欢抽烟，还喜欢吃肉。因此，这可能意味着，学会进行压力管理比购买保险更重要。

保险是为预防"万一"而准备的一笔让人安心的钱。对于意外发生的概率，有人会高估，也有人会低估。让人安心的钱的金额也因人而异。

但是，当被问及"如果发生了意外该怎么办"时，大多数人很难给出明确的答案。

这就是为什么大家会不假思索地购买保险。

但另一方面，有些人在投保后不久就被查出患了癌症，并一次性获得了200万日元的保障金。那些人对保险的评价是"一定要买保险"。

每个人都有自己的主观意识。

保险是"主观"的，本书也是"主观"的。

但是，我们要让这种"主观"有明确的"依据"。

所以，我们应该有"不买保险，用储蓄代替"的选择。这样一来，我们就可以将这笔钱转移到更令人满意的事情上，进而减少家庭开支。

无须在教育上花费巨资

父母让自己成功是对孩子最有效的教育

有些人会在孩子的补习班和私立学校上花很多钱。为了筹措这笔资金,其中一个办法就是购买一项不能随便取钱的教育保险,从而攒下学费。

但是,花钱让父母进一步成长比教育投资更为有效。因为让孩子看到父母成功的教育效果更好。

如果想让孩子成功,父母就要努力做到成功。

孩子看着父母靠自己的力量丰富生活、跨越逆境,以父母为榜样,在潜意识里会认识到自己开拓人生的乐趣和重要性。

第 1 章　存钱的技能

应该给父亲更多的零花钱

听说当家庭生计困难时，第一个被削减的费用就是父亲的零花钱。我们可以试着把顺序颠倒过来。

在日本，父亲的零花钱可能是每个月3万日元，但我们不能将用于自我投资的部分都算入零花钱。哪怕是减少孩子的零花钱，我们也应该把钱花在父亲的自我投资上。

哪怕是削减孩子上补习班的费用，我们也要为父亲买书和笔记本电脑。与其给孩子配手机，我们不如把钱用来支付父亲去商学院的费用。

买了房子之后，我们要优先确保父亲有书房。即使孩子的房间很小，我们也要为父亲创造一个能专注学习的空间。

让父亲通过提高技能，获得晋升，成为一个能赚钱的人，这是对孩子最好的教育。

所以，投资父亲比投资孩子更重要。

的确，孩子很可爱。我们要抛开自己想为孩子做点什么的心情，尽管这是父母共同的心情。

当然，我并不否认这些价值观。

即使我们想把钱花在孩子的教育上，我们也不要削减对父亲的投资，要努力朝着"让父亲赚更多的钱，把家庭收入的蛋糕做大"的想法转变。

父母对孩子说的话会塑造孩子的世界观

"没钱,忍着!""别浪费,存起来!""你做不到的!"……

父母这种匮乏的思维和寒酸的生活习惯会传给孩子。

换句话说,阶层和不平等不是因为学校教育而固化的,而是取决于父母的想法和孩子个人。

父母的言行决定孩子的未来。

因此,父母要更加注意对孩子所说的话。可以说,无成本的教育投资就是选择对孩子说正确的话。

父母的言语对孩子产生影响

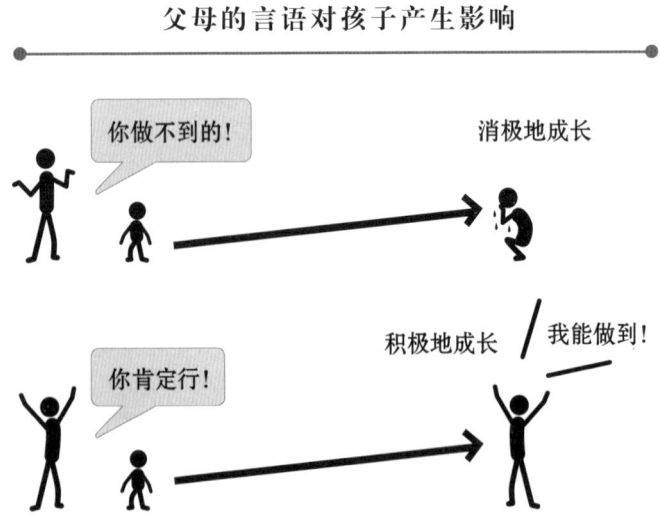

第 1 章　存钱的技能

为什么语言如此重要？因为人类是用语言来决定行动的，是用语言来创造世界的。

说出"这不可能"的人无法改变现状，说出"这不切实际"的人不能付诸行动。

另一方面，如果你反复地强调"我一定会赢"，你赢的可能性就会更高。如果你一遍又一遍地说"咬紧牙关也要做到"，那么或许你真的可以做到。

同样地，有的父母常说"没钱，做不了"或者"你做不到的，别想了"。与之相对，一些父母常说"我们来想想怎样才能做到"或者"如果你真想做，那就试试吧，失败也没关系"。父母的不同口头禅对孩子的影响是很大的。

父母的思维特征和行为特征对孩子有很大的影响，比如小时候被虐待的人成为父母后，往往会虐待自己的孩子。

与其对孩子说"好好学习"或者"考好成绩，上好学校"，我们不如把钱花在创造一个能让孩子学会开创自己的人生的环境上。

重新考虑一下生活中最大的开支——居住成本

买房还是租房

买房还是租房取决于个人的价值观,所以我们很难判断哪个更好。

我们从"理财技能"的角度,着眼于经济合理性来展开论述。

我们要将房子视为具有经济价值的不动产,尝试着将"拥有"与"使用"区分开。

如今,人们在一个地方住一辈子的情况很少见。工作可能会换,公司可能也会因为并购或调整而导致办公地点发生改变。

第1章 存钱的技能

根据孩子的成长过程（出生、上学和步入社会），我们需要适时地改变房子的布局、面积和地点。

有时候，我们可能希望居住的地方离工作地点近些，这样就可以缩短上下班时间，把工作做得更好。有的人则希望在郊区的自然环境中或者国外抚养孩子。

如果喜好发生了改变，风格就会改变，着装和发型也会随着时间、地点和场合的变化而改变。

尽管时间、地点和场合会发生变化，但是我们还是会有诸如"因为住在这里所以不能去"以及"离家远，不方便"的想法。那是因为居住的地方限制了我们，让人生可选择的范围变小了。

首先，让我们换一种想法："安家"是一种优化个人经济活动和生活方式的积极选择。

选择租房意味着选择自由

积极地选择住所的最简单的方法就是租房。

我朋友的老板住在日本六本木新城公馆和东京中城公馆，每个月租金高达数百万日元。

为什么呢？他们说这是为了创造专注于工作的环境。

买房子很麻烦，但租房的话很快就可以入住，也不用为参加业主委员会的会议或者支付房产税而烦恼。一旦公司业绩不好，我们只要搬到租金较低的地方即可。

还有一位朋友趁着孩子满两岁的时候，在日本长野租了一套独栋的房子。因为他们想在孩子上小学前让他多接触大自然。为此，这位朋友成了个体经营者。

除了上述情况，人们还有因为家装过时而感觉不便的时候。但是，我们无须重新装修，直接搬到新的出租公寓就能解决这个问题。

另外，邻居奇怪、治安不好、交通不便之类的抱怨和问题也能通过重新租房即刻解决。

因此，选择了租房就意味着选择了自由。

如何选择房子作为资产

租房的最大问题是，租金是白白给出去的。很多人认为这是一种浪费。

尽管如此，还是有很多人因为买了房子而"动弹不得"。他们基于房子是"新的""大的""自己能买得起的""价格相当便宜的"而购买。

这些都无须考虑，购房时必须考虑的是兼顾资产和自由。

在这种情况下，重要的是认清"房子的根本价值"，再进行选择。

房子的根本价值首先是"宜居",其次是"可以高价出租"或者"可以高价出售"。毕竟,具有经济价值的房产只能用"收益能力"和"变现能力"来衡量。

房产经纪人常对客户说:"交房租太可惜了,如果买了房子的话,房子就是一笔资产。"

此外,针对那些不够理智的客户,房产经纪人宣传"环境优雅""学区高端""滋润""高品位""优质"等抽象的形象,以及强调"抗震""全屋电气化""保温、隔热"等功能是很有效果的。

通过各种广告技巧,房产经纪人可以轻松地做到堂而皇之地以高价出售价值较低的房子。

我们如果站在卖家的立场上,就会明白这一点。

如果房子地理位置优越,价格与行情相当,很多人就会想买或者想租,根本无须那些唠唠叨叨的推销话术。

但是,房子如果作为一种资产没有吸引力,就只能用那些很好听的抽象形容词或各种功能进行包装。

当然,如果房子"可以高价出租"或者"可以高价出售"的话,那还算好,但是大多数情况并非如此。

安家就是选择社区

"可以高价出租"或者"可以高价出售"的房子意味

着"有人愿意高价租"或者"有人愿意高价买"。这样一来，周围自然会成为人们愿意居住的人气地区。

也就是说，"可以高价出租"或者"可以高价出售"只有在高收入者愿意居住或已经居住的地区才能成立。如果不在租赁行情和销售行情都很好的优质地段买房，那么资产价值只是空洞的妄想。

这意味着，我们必须优先选择社区，而不是选择房产。

如果在一个日渐衰落的社区买了一套高质量的房子，那么没有人会租，也没有人会买。

如果在一个不发达的社区购买房产，那么资产价值便会缩水。这就是购房的风险。

选择有历史和基础设施完备的社区

我们可以调查一下社区发展的历史，以及社区住着什么样的人。

我列举一些日本东京高收入者聚集的社区：惠比寿、代官山、麻布、六本木、中目黑、青山、神宫前、番町等有名的地区，以及二子玉川、自由之丘、田园调布等郊外地区。

这些社区的共同点是多元化发展，单身人士和已婚人士都可以居住。这些社区包容性强、十分成熟，是人人都向往的地方。

这些社区距离工作地点很近,人们可以吃喝玩乐。这里还有医疗、教育、文化、娱乐等方面高端完备的城市基础设施,因此吸引了很多有钱人。

在教育方面,较差的学区可能会影响孩子的前途。但是,如果让孩子上私立学校,父母就要支付额外的成本。我们如果第一次来到某处,那么最好在那里租房子住一段时间,感受一下周边环境和居住心情。

再说一遍,买房等于"买社区"。我建议在高收入群体喜欢居住的区域买房。

但是,这些地方的房价很贵。因此,我们可以考虑选择二手房。

选择二手房而不是新房

新房和新车一样,当你购买以后,价格就会下降10%左右。因为在销售新房之际,开发商的利润会被加进去,但是二手房就不会加利润了。换句话说,出售3000万日元购买的新公寓,瞬间就会出现300万日元的亏损。

当金融产品出现本金亏损时,人们大多会闹得天翻地覆;而当手头的房产出现"本金"亏损的时候,人们毫不在乎,因为这些损失是看不见的。

如果你想避免资产价值损失，那么二手房还是有优势的。

只有富人或者对资产价值毫不关心的人才会以"漂亮的新房好"或者"大房子好"为由来买房。

已经拥有房子的人也可以考虑资产重组

确认自家房子的资产价值是一件很简单的事，让附近的房产公司来评估一下就行了。

房子本身不是一种资产，只有变现之后才能称得上资产。在日本，人们常说"土地传不过三代"，因为遗产税很重。有些人会因为这是祖传的土地而紧抓不放，甚至选择在此了却残生。

由于人口减少和经济衰退，未来可能会有大量的二手房涌入市场。然后，大量居住在郊区的人会因为不方便而搬到市区。

换句话说，受欢迎的地区的房价即使因为经济衰退等问题暂时下降，也会复苏。在一个好的地段，即使房子老旧也会维持最高的价格。

相反，郊区的房价却有下降的可能。

已经拥有房子的人可以考虑重组资产，把房产和资产视为不同的东西，卖掉那些不会增值的房产，购买那些能增值的房产。

第1章　存钱的技能

让房产变成资产的方法

有一种方法可以让房产变成资产，那就是多次通过房贷购房。

例如，一个人住的话，可以通过房贷购买一套一室一厅的单身小公寓。一旦结婚了，他就可以把那套公寓出租，重新按揭买一套两室一厅的房子。

双职工的家庭，可以先买一套两室一厅的房子，然后等孩子出生后把房子租出去，再按揭买一套更大的三室一厅的房子。

当然，我们一定要选择那些每月租金高于房贷还款额的房产。

这样一来，我们就能将从第一套房产中获得的现金用于偿还第二笔按揭贷款。

这意味着，我们能够以更轻的负担拥有两套房产。有些人还可以用这种方式拥有三套房产。

在日本，有人利用工作调动较多这一特殊情况在东京、大阪、福冈、名古屋购置房产，然后全部用于出租。

对于他们来说，其中的一套房产还清了房贷之后的租金收入就完全属于自己，自己住的地方也无须支付房租。这是一个很好的养老方案。

当然，房贷本来就是为自己居住而申请的贷款。

另外，可获得的贷款金额会因申请人的年收入及所持有的金融资产的不同而有所不同，具体情况可向房产公司或银行进行咨询。

租房的话，夏季搬家可以降低成本

如果租房者觉得房租是一个负担，那么"搬家"便是解决这个问题的最简单的方法。

与离大车站[①]步行10分钟路程的房子相比，我们还不如搬到离每站都停的小车站步行3分钟路程的地方，那样连雨天也可以轻松应对。

如果我们在靠近市中心的车站乘车，那么车上是没有座位的。但是，如果搬到始发站的话，我们就可以坐着上班了，可以舒舒服服地利用乘车时间学习。

如果我们住在农村地区，那么开私家车通勤是很普遍的，所以我们需要将房租、停车费和油费综合在一起考虑选择住所。

"即使这样，搬家也是一笔不小的费用！"可能你还是会这么想。

所以，如果要搬家，我们就最好选择夏季的工作日。

因为在日本，夏季搬家更便宜。

[①] 在日本，"急行"的列车运营早期只会在主要的大站停车，类似于"大站特快"的概念。——译者注

第1章 存钱的技能

在日本，黄金周一过，租房客就会减少，拥有空房间的房东会因为没有房租进账而有些焦虑。因此，为了尽快把房子租出去，他们愿意再谈谈条件。

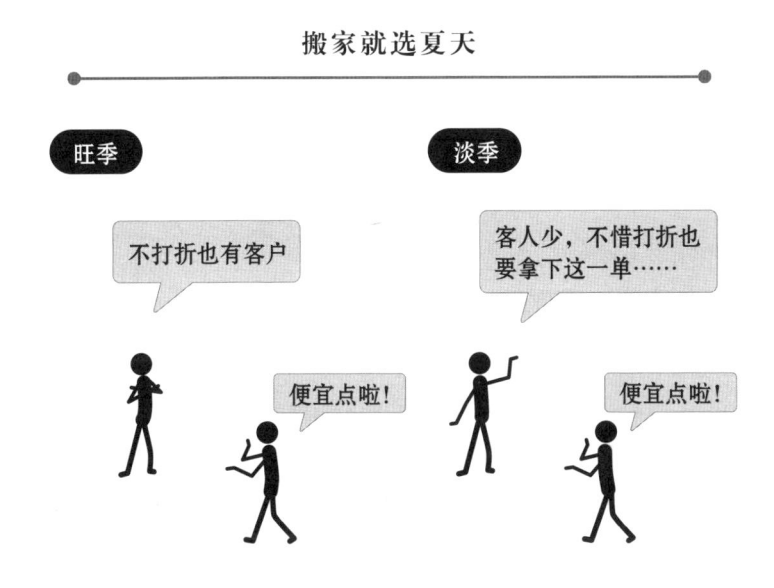

搬家就选夏天

旺季：不打折也有客户 / 便宜点啦！

淡季：客人少，不惜打折也要拿下这一单…… / 便宜点啦！

我之前也从事过房产中介工作。经过谈判，我们成功地将"两个月租金的礼金①、两个月租金的押金、12.8万

---

① 支付礼金是日本租房的传统习惯，是租客为了向房东表达谢意而产生的礼节性费用。通常，租客会给房东准备相当于一两个月租金的礼金。在租约期满时，房东无须将礼金退还给租客。——译者注

日元的租金"的条件谈成了"半个月租金的礼金、一个月租金的押金、12万日元的租金"。

淡季时,谈价会变得更容易。

做出与众不同的明智选择

在价值链的上游购买高档奢侈品

在买东西的时候,我们要试着理解一下价值链。价值链就是增值链。

比如"原材料采购→制造→物流→店铺销售"这样一个流程。

对于一个产品来说,越接近价值链的下游,附加值就越多,价格也就越高。此外,参与价值链的人越多,价格也就越高。

因此,如果我们想买到便宜的东西,那么我们可以在价值链的上游购买,或者在价值链参与者较少的地方购买，或者跳过价值链中的某些环节。

这个方法对购买奢侈品尤为适用。

比如婚纱，在日本，人们直接购买韩国的婚纱比在服装店租借还便宜。因为韩国劳动力成本相对较低，所以韩国的婚纱价格低。

比如戒指等珠宝首饰，我们直接向私人珠宝设计师订购更便宜。

再如定制西装，如果品质相同的话，我们可以向个体供应商订购，而不是在百货公司购买。

现在连墓碑都能邮购了。这就是为什么可以通过绕过中间批发商来实现低价格。和大型加工厂相比，我们直接向当地的小型加工厂订购更便宜。

从环节少的价值链里购买

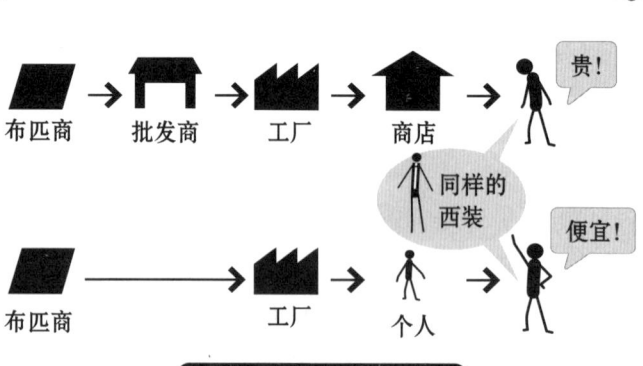

布匹商 → 批发商 → 工厂 → 商店 → 贵！

布匹商 → 工厂 → 个人 → 同样的西装 便宜！

能以低价购买同样的东西

也就是说，我们要试着去了解"商品"经历了一段怎样的过程，以及都有什么样的人参与了这一过程。

这样，我们就可以绕过价值链的某些环节，以低廉的价格买到商品了。

提高租赁系数的生活方式

对于那些价格昂贵或者使用频率不高的东西，我们要有"只租不买"的思维。

买来的东西迟早会过时，但如果是租来的，那么我们随时可以使用最新的。

我们可以租派对礼服和名牌包，也可以租宠物。如果家里偶有访客，那么我们还可以租用高档餐具。如果只是偶尔去露营或滑雪，那么我们也可以租用相关设备。就像房产投资一样，我们也借钱投资。

如果我们要买一辆跑车，那么这件事恐怕会招致家人的不满。但如果车是租来的，他们可能就不会说什么了。

租赁不仅可以降低成本，还可以让我们获得心灵上的自由。

例如，如果我们不买房而是租房，我们就可以不受地点限制地自由移动。如果野营用品只租不买，房子的收纳就会更自由。租车而不买车可以让我们省去洗车、检查车辆、缴纳汽车税、变更财产保险等麻烦事。

人力资源派遣就如同劳动力的租赁，企业通过人才派遣有了控制人力成本的自由。

生活中，我们或许应该更多地采用"借"的思维。

从产品和服务中读懂企业的营销策略

众所周知，在行为经济学的世界里，顾客在面对设定松、竹、梅三档的菜单时，很多人会选择"竹"。[1]

例如，餐厅有850日元的A套餐和750日元的B套餐两种选择，大多数人会选择B套餐，这会导致餐厅销售额不高。为了提高销售额，餐厅会在A套餐的基础上新增1000日元的特别套餐，这样就会有更多的人按照预期选择A套餐。这种营销策略就会取得成功。

手机的收费套餐也一样，运营商先将其他收费套餐设计得很烧脑，从而诱导用户选择对运营商最有利的套餐。那时，说"太烧脑了，就这样吧"的人就是典型的冤大头。

换句话说，不去思考的代价就是要付出昂贵的代价。

聪明的人拼命思考怎样才能从顾客那里赚到更多的

---

[1] 在日本料理中，松、竹、梅分别代表套餐的等级。松代表特级套餐，竹代表高级套餐，梅代表一般套餐。当然，价格也是依次降低的。——编者注

钱，以便制作产品和提供服务。如果买家不慎重思考，他们就正合卖家的心意，被迫签订对自己不利的合同。

因此，我们需要思考一下，企业是出于什么目的推出这些看起来很吸引人的产品和服务的。

一旦明白"哦，这就是卖家想要的"，我们就可以冷静地思考这些产品和服务是否有必要了。

当尝试去思考公司的营销策略时，我们会发现世界上到处都是无关紧要的产品和无关紧要的服务。

我们的口号是"不思考的人会当冤大头"。

用出租车代替私家车

正如许多人所指出的，汽车是一只"吞金兽"。车辆本身的价格以及停车费、汽油费、汽车保险费、车辆检测费、汽车税等费用是不可忽视的。

因此，城市里越来越多的人不买车，要么租车，要么错时段出行。但是，预约、取车、加满油、还车这些烦琐的事情也是相当麻烦的。

因此，我们可以用出租车（网约车）代替私家车。如果是出租车的话，我们一招手就可以上车，想在哪里下车就在哪里下车，还不需要找停车位，即使喝酒也没问题。

出租车给人的印象是昂贵的，但即使每天坐一次花费

1000日元，一年也只要36.5万日元。

就像把便利店当冰箱使用的年轻人一样，我们可以将满大街的出租车当作自己的双脚加以灵活运用，也不失为一个方法。

考虑卖家的心理

通过讨价还价，我们最有可能在商店买到便宜商品的日子是"每个月的最后一个星期天"。

与其他行业一样，零售业每个月也有销售目标。而且，这是由每家商店决定的，所以经理每天都在努力完成销售目标。

鉴于经理希望完成目标的心情，我们会发现，当顾客预算不够的时候，经理会不惜通过降价来完成销售目标，所以商品价格是有望谈下来的。

那么，为什么我们要选择每个月最后一个星期天呢？因为工作日没有多少客人，而周末是赚钱的好时机。换句话说，每个月最后一个星期天的销售额决定了当月销售目标的完成程度，因此商店更容易接受还价。

你可能会认为这是在利用对方的弱点，但我们也是在帮助商店完成销售目标，所以我们应该堂堂正正地讨价还价。

但是，在时装类商品上，就像在大减价最后一天时商品已经所剩无几一样,好东西都会被提前买走。

之前提到的房租价格交涉也是如此。如果我们能养成"站在卖家的角度思考"的习惯,我们就会知道自己怎样才能买到便宜的商品。

跟风行为需要付出高昂的代价

做生意赚钱的条件之一就是在"人们聚集的地方"做生意。

一般来说,与其在人烟稀少的村庄里开店,不如在大城市的中心开店。还有,在网上投放广告,我们一般要选择浏览量较大的网站。对于企业来说,人们聚集的地方更有利可图;反过来,从客户的角度来看,他们不得不在人流多的地方支付更高的费用。如果有一家业绩极佳的公司,那么我们应该对自己是不是不知不觉被迫购买了这家公司的产品保持敏感。

在我们的行为中,选择跟风是要付出高昂代价的。

比如,在旅游旺季,旅费和酒店费用都很贵。在按小时收费的景区停车场,晚上的停车费比白天还贵。再如,在大家都要搬家的二三月份搬家,搬家费也会很贵,礼金和租金的价格也没有协商的余地。

时间也是如此。

我们在长假开车出去会堵在高速公路上，从而浪费大量的时间。如果我们在发薪日去ATM机取款，我们就会排队。如果我们在中午12点去吃饭，那么我们也是要等的。

我想你已经明白了，跟风行事会造成巨大的损失。所以，我们可以发挥一下想象力，试着做些与众不同的事情。

比如，在淡季的工作日去旅行，在晚上坐出租车去景区，在夏天搬家，在发薪日以外的日子去银行，以及避开中午12点去吃饭。

选择与"众"不同的方式，过上低成本、无须浪费时间的生活。

不要通过花钱来缓解压力

当压力增大时，许多人会做出一些解压的行为，比如出去喝酒、购物或者玩游戏。

一旦这样，我们就会不由自主地挥霍。好不容易攒下来的钱，一下子就会花光了。

为了避免发生这种情况，我们不要把压力发泄出来，而是要改变想法，积极主动地做一些"消除"的动作。也就是说，我们要确保切断压力源。

因为如果我们不切断压力源，我们就会不停地做一些解压的行为。那么，无论是在精神上还是金钱上，我们都无法从不健康状态中解脱出来。

我周围成功人士中的大多数人没有要缓解压力的想法。因为，他们的生活和工作方式不会让他们感到太大的压力。

当然，在社交生活中，我们很难完全切断压力源，所以要试着思考一下："压力源到底是什么？怎样才能让这种压力消失呢？"

很多压力往往源于人际关系。如果我们被别人搅得心烦意乱，而不得不花自己的钱，那就太可惜了。

日本作家大谷由里子有一句名言："因为我想去做证明自己存在价值的工作，所以没有时间因为别人而焦虑。"

第2章

解读信息、操控金钱的技能

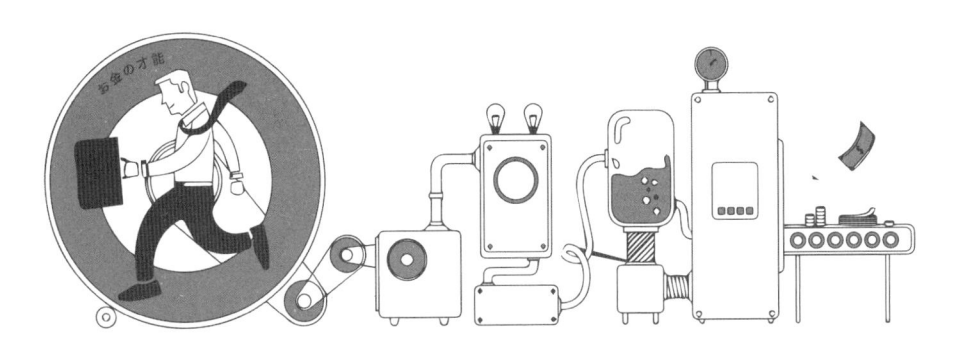

磨炼对信息的感知力，培养洞察力

不要被信息牵着鼻子走，利用可乘之机

当人们在电视或报纸上看到关于"经济衰退"的报道时，他们就会觉得自己必须削减开支。而如果一个人减少1万日元的支出，那么1亿人口便会减少1万亿日元的内需。

当有报道称流感正在流行时，越来越多的人就会戴着口罩走在街上，而那些看到他们的人便会跑去买更多的口罩。

当"疯牛病"成为媒体的热门话题时，烤肉店就会流失很多顾客，而当相关词汇不再出现时，顾客的数量又会恢复。因商品的热卖而成为"网红"的企业能引起应届毕业生的求职热潮。当报道说高速公路的收费下调时，市场就会出现抢购汽车的局面，进而造成巨大的交通拥堵。

信息的存在引发了这些行为。

因此，可以毫不夸张地说，我们的行为是受信息支配的。

我们如果对信息保持敏锐的洞察力，就可以利用可乘之机，让自己处于更有利的位置。

不要被煽动性新闻左右

伴随着2008年秋季开始的金融危机，汽车行业进入"寒冬"，我们至今记忆犹新。

当时，新闻上不停地出现减产、裁员和关厂等相关报道，舆论甚至还升级到了派遣制度问题。

我们冷静地思考一下这个问题。

人们对汽车的需求确实在减少，但不会消失。在某些地区，汽车仍然是生活必需品，也是物流配送的主要手段。

如果一个人拥有的车辆变得老旧，那么他最终还是会买辆新的。对于物流公司的营运车等，租赁期一到，公司就会再签订一个新的租约。此时，"买新换旧"的情况就会发生。

各个汽车制造商都曾试图通过减产来缩减库存。但

第2章 解读信息、操控金钱的技能

是,当汽车没有库存时,制造商又会干什么呢?

汽车制造商会开始生产。新闻里会用到"增产"这个词。比如,有报道称,2009年8月,美国和日本的汽车制造商都决定增产。

丰田汽车的股价在2007年一路接近5000日元/股,但在2008年秋季跌至不到3000日元/股。到2009年春天,丰田汽车的库存调整完毕,同年8月,其股价又恢复到了4000日元/股左右的水平。

不仅是汽车行业,在经济衰退之后,"向上调整业绩""增加销售和利润""刷新最高利润纪录"等词会在各行业接踵而至。为什么会出现这种情况呢?因为之前的业绩太糟糕了。正是因为前一年的业绩过于糟糕,下一年仅是正常水平的业绩也会显得很好。

于是,为了彻底忘记过去,人们只要看到"业绩同比增长20%"这句话,就会采取行动,推高股价。

这样一来,资金又开始流动,经济也得到了复苏。俗话说,"有起就有落",经济的发展是有周期的。

关于未来,有很多预测,比如资本主义的崩溃、国家的破产或者日经225期货指数跌至5000点,但我们首先要能做到,不要因为短期的波动而惊慌失措。

在金融界,有个非常著名的故事:"预测"颠倒过来就会变成"谎言"。

训练自己"走一步想十步"

假设你在公交站台等了很长时间的公交车。后来,你等的公交车终于来了,但车上已经挤满了人。

这时你会说:"我已经累得筋疲力尽了,还要在公交车上站30分钟回家,这也太痛苦了。我应该等下一班车吗?但如果下一班车上的人也很多,怎么办?"

是坐这班车,还是等下一班车?

如果没有急事的话,你可能会等下一班车。

因为公交车每隔一定的时间发车一次。前一班公交车如果搭载的乘客比较多,就会耽误时间。与此同时,下一班公交车就会减少在公交车站的停靠时间和次数,因为很多乘客已经上了前一班车。

然后,公交车之间的距离就会变短,最后会出现公交车前后结伴行驶的情况。如果前一班公交车很拥挤,那么下一班公交车可能很空。

这样想的话,我们可以得出结论:还是等下一班车吧!

不知道这种解读是否正确,这是"假设"。

信息有很多,但我们很难搜集所有的信息。

因此,如何从有限的信息中得到启示是很重要的。也就是说,我们要学会自己建立假设。

重要的是,我们不仅要能对下一步做出判断,更要像下象棋一样,试着预测接下来的十手棋,提前应对"接下

第 2 章 解读信息、操控金钱的技能

来的种种情况"。

我们可以尝试预见未来,即使没有全部预测成功,也能逐渐洞察全球经济的发展趋势。

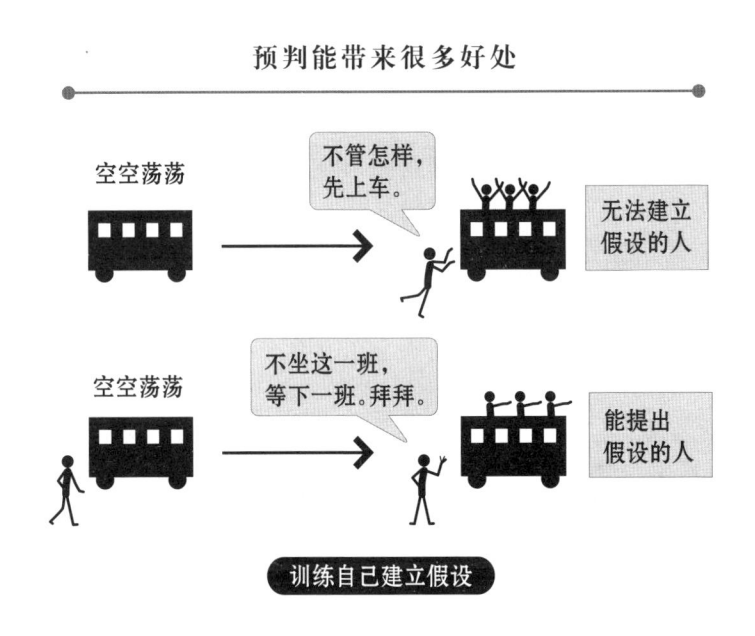

预判能带来很多好处

| 空空荡荡 | 不管怎样,先上车。 | 无法建立假设的人 |
| 空空荡荡 | 不坐这一班,等下一班。拜拜。 | 能提出假设的人 |

训练自己建立假设

任何信息都是片面的

如果有人问我们"金星的表面是什么样的",那么我们会回答"到处都是陨石坑"。

但是,目前我们人类都未亲眼见过金星的真实面貌,我们只是在转述媒体的信息。

换句话说，媒体创造舆论，媒体影响了我们的世界观。

因此，媒体的影响力是无法估量的。这就是为什么媒体可以轻易地让一家企业消失或逼迫一个人走向绝境。

但这不一定都是媒体的错。

因为运作媒体的正是我们自身。

因为给收视率和发行量做出贡献的，是我和你。

媒体只不过是在追逐这些数字。

还有一个众所周知的事实是，为了维护广告商的形象，那些对重要客户不利的新闻是不会被报道出来的。

这意味着，信息并不总是准确的，因为发送的一方有自己的考量。

我们必须明白一个前提：善可以变成恶，恶也可以变成善。

重点不是"投资了什么"

根据生活方式确定最佳的资产配置

不能说股票更好,也不能说房地产更好,我们需要根据价值观、生活方式和经济形势,考虑怎样做才能明智地配置资产。

什么是比现在的资产形式更有价值,以及更令人满意的?

这因人而异,或者因时代而异。

那些认为股票比现金更能创造价值的人,会投身于股票市场。那些认为房产比股票更稳定且更能创造财富的人,会卖掉他们的股票,把钱投资到房产上。

又或者说,如果有人想创业,那么他大概率不会把钱投到有风险的资产上,而是会把钱存在银行里。

那些想在退休后到国外长住、享受生活的人,会购买该国的债券或到该国银行存款;而那些热衷于夫妻一起旅行的人,会把钱存入旅行储蓄账户(这个回报率相当高)。

此外,了解自己的性格也很重要。你是情绪敏感的,还是豁达开朗的?是悲观的,还是乐观的?是喜欢刺激的,还是渴望稳定的呢?因为性格不同,每个人的盈利模式和投资目标都会相应地有所不同。

哪种方法可以让你最大限度地享受金钱的效用,而不是"只想赚钱"?

这与你的生活规划密切相关,所以,你想要的生活方式仍然是你思考的出发点。

根据经济周期改变资产配置

接下来,我们要考虑如何调动闲置资金。

经济环境是变化多端的:经济时好时坏,利率时高时低,有时会出现通货膨胀,有时会出现通货紧缩。

因此,与其紧盯着某个单一的目标操作,我们不如回顾每个时期不同的环境,思考"把钱保持在什么样的资产状态才是最有效率的"。

如果有人认为未来会出现环保热潮,他就会把资产转移到与环境有关的股票上;如果有人预计国家会快速发展,他就会把资产转移到与建筑和器材相关的股票上。

如果有人认为房地产价格会上涨,他就会进入房地产市场;如果有人认为资源价格会飙升,他就会进入大宗商品(石油、铂金、大豆等)市场;如果有人认为通货紧缩会继续,他就会继续持有现金。

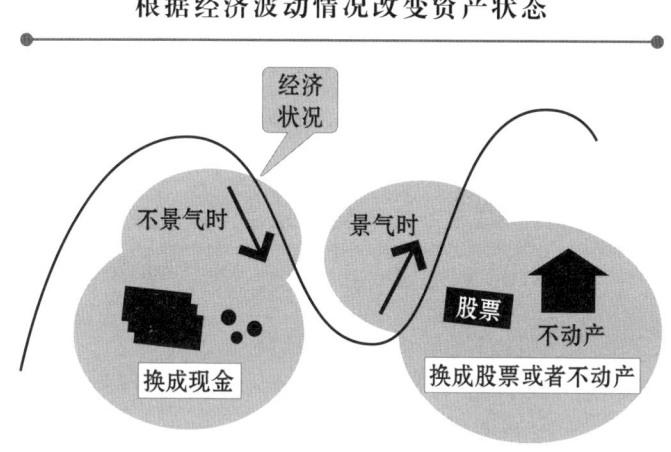

根据经济波动情况改变资产状态

对冲基金的资金之所以大量流动,是因为投资者总是在研究把资金转移到世界上哪个国家或地区及哪个行业的回报率是最高的。

我们不会像对冲基金经理一样有那么多时间来搜集信

息,但是,如果我们时刻保持这种意识,那么色彩浴效应[①]将帮助我们在日常生活中自然地、无意识地搜集信息。

> **对冲基金**
> 一种私人投资组合,投资于金融衍生品和其他工具,以分散风险和追求收益的基金。

仅仅比较收益率毫无意义

收益率是投资决策的一个重要指标,但我们不能只根据收益率来做决定。

投资骗局的存在也是因为部分人只看到高回报率。

例如,在日本,市中心房产的投资回报率约为6%,东京都市圈房产的投资回报率为8%~10%,郊区房产的投资回报率为10%~15%,老旧房产的投资回报率为20%以上。

然而,一般来讲,离市中心越远,房屋的空置风险就越高,而且房产越旧,维修成本也越高。正是因为有这些风险,他们才会将房产以高收益率出售。

这意味着,"郊区投资的风险很大,所以投资回报率至少要达到10%才能吸引买家"。

---

① 色彩浴效应指当人们有意识地去注意特定的东西时,与其相关的事物便会自然而然地进入人们的视野。——译者注

新兴市场的国债收益率之所以高达7%~10%，是因为如果存在一定风险却不提高回报率，就不会有人买。

高收益是高风险的代名词。

因此，那些认为收益率越高越好的人，也必须准备好承担更高的风险。

还有一点，收益率只是当下的一个缩影，除非有银行或其他机构担保。对于大多数金融工具而言，其收益率会随着时间的推移和环境的变化而波动。

比如股票，股息可能会减少或无股息。比如外汇，利率下降可能引发换汇点数下降。比如房地产，可能会出现空置的情况。

因此，我们不要急于抓住眼前的回报率，而是要思考"这些回报率到底能维持多久，以及维持下去的依据是什么"。

换汇点数

两种货币之间的利率差。

要综合地看问题

我的一天并不是从一杯咖啡和阅读报纸开始的。

实际上，报纸应该以周或者月为单位进行综合阅读。

如果你孤立地看问题，你就只能被人愚弄。但如果你能综合地看问题，你就会知道完整的故事。

我的消息来源并不仅限于报纸。

互联网上有最新的资讯。如果想知道世界正在发生什么或者什么是当下的焦点，你只要抬头看一下公共交通工具里的悬挂广告就知道了。

互联网是查找信息的最快途径，尤其是国外的信息。因此，我不认为报纸是每天早上都必须阅读的。

不管是面对报纸上的信息，还是网络信息、杂志信息或者别人告诉你的信息，重要的是你要接触各种信息，并做出自己的判断。

举个例子，你在报纸上零星地读到了《房地产滞销》《房贷同比下降》《法人融资减少》《金融机构增加企业并购融资》《收购竞争加剧》等文章，可你也很难理解世界的动态。

但是，当你把一周的报纸放在一起阅读时，你可以想到以下几点：

文章：《房地产滞销》《房贷同比下降》
⬇
思考："这是房地产价格下跌的征兆，房地产融资恐将变得越来越困难。"
⬇
文章：《法人融资减少》
⬇

第 2 章 解读信息、操控金钱的技能

思考:"对于想要保数据的金融机构来说,房地产仍是一个收入来源。但是,比起呈负增长、客户竞争激烈的住房贷款而言,它们会不会更注重收益性房地产贷款呢?"

⬇

文章:《金融机构增加企业并购融资》

⬇

思考:"如果金融机构有了并购之类的其他融资渠道,它们对收益性房地产贷款的态度就会改善,这样说是否太过乐观呢?"

⬇

文章:《收购竞争加剧》

⬇

思考:"就算有其他融资来源,事情也没有那么简单。收益性房地产贷款迟早还是会放松吧?"

虽然每篇文章发表的日期各不相同,但我在脑海中可以将这些信息串联起来。

如果我们把这看成一个流程,零散的信息就可以通过线条连接起来,我们就可以从中获得新的发现。

投资顾问可信吗

自己都赚不到钱的人给出赚钱建议的神奇世界

"投资顾问""财务规划师""经济评论家""经济分析师"都会出版投资及资产管理方面的书,并举办研讨会。

我是他们中的一员。

但问题是,拙劣的财务规划师和从未自己投资过的评论家会给出不恰当的建议。

当然,如果你只是为了了解市场情况和运作方式等"知识",那么他们的信息是有用的。

但是,最关键的"赚钱的技能"呢?

第 2 章　解读信息、操控金钱的技能

没有打过高尔夫球的人不会写一本叫作"如何提高你的高尔夫球技"的书。但在金钱的世界里，由于某些原因，没有经验或没有掌握如何从投资中获利的技能的人也能信誓旦旦地解说很多内容。

而且，没有人觉得他们说得不对，这样的书十分畅销。这真的是一件很奇怪的事情。

我也遇到过一些自称"专家"的人，但他们中很少有人拥有持续赚钱的技能。或者，更确切地说，他们给我的印象是利用图书做广告宣传，以达到通过卖课程和产品来赚钱的目的。

当然，也有一些伟大的人。他们的共同点是，"他们自己也在投资，并不断磨炼自己的知识、经验和技能"。

也许只有那些紧盯市场行情，敢于和市场博弈，并且真正取得成果的人所说的话，才值得我们倾听。

如何区分"好的"理财顾问和"坏的"理财顾问

我有一个方法能够区分"好的"理财顾问和"坏的"理财顾问，那就是试着调查一下"他是通过什么手段赚了多少钱"。

书店有非常多推荐人们通过投资赚钱和进行资产管理的书。我们可以看看作者的个人资料。

在作者简介中,他们介绍了从投资中获利的信息吗?或者,在正文中,他们是否介绍了自己的投资方法和技巧?

什么样的理财顾问能让你赚钱

我还有一个方法,那就是理解信息提供者的立场。

无论他们是作家还是课程老师,都有自己的隶属关系和立场,他们会以一种让自己获利的方式引导读者或听众。

证券公司的人或财务规划师可能会向你推荐股票或信托投资。投资顾问可能会向你推荐海外投资或兜售研讨会的光盘。这种事情没有好坏之分。

我要在这里表明我的立场。

我的本职工作是房地产投资咨询。换句话说,我主要从事房地产中介方面的业务,所以我是一个生意人。

而且,我还是一名房地产投资者。因此,我理所当然地会倾向于说房地产投资比较好。

有些人觉得"毕竟你要宣传自己的业务",这很正常。因此,读者应该以自己的方式给本书打折扣,带着怀疑的眼光来阅读本书。

顺便说一下,正如我在以前的书中所写的那样,我仅靠租金的收入就可以生活了,这笔钱每年到手约有1200万日元。

第2章 解读信息、操控金钱的技能

此外,我还做股票、外汇、商品期货和日经225指数期货等,赚了几千万日元,同时也亏了几千万日元,但平均算下来每年赚500万日元左右。

你要明白所有的信息都是有偏见的,这样就会知道哪些顾问会让你赚钱,以及哪些顾问会把钱从你的口袋里拿走。

如何应对通货膨胀和通货紧缩

个人需要考虑通货膨胀或通货紧缩的影响吗

许多人听过这样的说法："在通货膨胀时期,资产价值会缩水,所以人们最好转向股票和房地产。"毫无疑问,如果你能应付通货膨胀,那当然是最好的。

然而,我认为普通人在考虑资产管理时不需要在意通货膨胀或通货紧缩。

因为我有这样一个假设:对于普通消费者来说,无论他们是否进行资产管理,通货膨胀的影响都不会大到足以改变他们的资产规模。

如果通货膨胀真的发生了,那么出现通货膨胀的原因可能有四种：一是流动性过剩导致的通货膨胀，二是经济繁荣导致的通货膨胀，三是需求过剩导致的通货膨胀，四是资源引发的通货膨胀。

流动性过剩导致的通货膨胀

流动性过剩一旦出现，就会引发货币贬值等情况。

的确如此，据说自2008年秋季以来，世界各国的中央银行印制的货币达到了数百兆日元，这些货币如果没有被消费和资本投资吸收，就会出现过剩。

然而，过剩的货币不在家庭手中，而是在金融机构和机构投资者手中。21世纪初，世界还出现了流动性过剩、基金抢购房产和并购活动频发等现象。但因为个人口袋里的钱没有增多，所以人们不能增加消费，物价不但没有上涨，反而一直处于通货紧缩状态。

此时，价格上涨的是股票、大宗商品和房地产，这种情况被称为资产膨胀。

这就意味着，流动性过剩导致的通货膨胀很容易造成泡沫经济，最终迎来崩溃。在这样的情况下，只有那些具有准确的直觉思维能力的人才能获利。

经济繁荣导致的通货膨胀

在我出生的20世纪70年代，绝大多数冰激凌是50日元/支，我几乎没有吃过100日元/支的冰激凌。统计数据还显示，从消费者价格指数来看，当时的物价的确总体在上涨。

但当时和现在的收入水平不同。随着家庭收入的增加，人们可支配的收入也会增加，商品的价格就会上涨。

那么，为什么家庭收入会增加呢？我们可以理解的是，当公司有利润时，公司可支付的工资这块蛋糕就会更大。因为公司业绩一直在上升。

那么，日本未来是否会出现经济蓬勃发展的局面呢？

我认为，日本不太可能出现过去高速增长的情景。如果日本低生育率和老龄化问题越来越严重，那么内需更有可能下降。

当然，除非那些拥有巨额储蓄的老年人非常乐意把钱花出去，否则经济变好的期望就会变得渺茫。

需求过剩导致的通货膨胀

过去，商品不能满足每个家庭的需求，需求超过了供应，推高了价格水平。

第 2 章 解读信息、操控金钱的技能

然而，现在我们处在一个商品过剩的时代。因此，即使某种商品或服务出现供不应求的情况，人们需求的增加仍然不可能大幅推升物价水平。

资源引发的通货膨胀

至于资源性通货膨胀，最可能发生的情况是原材料（比如原油和小麦等）价格上涨而引发商品价格上涨。

如果原油价格上涨，那么企业从石油中提取的材料的价格以及大多数商品的价格会随之上涨。

例如，肉类和水果是通过海运和空运从国外进口的，随着燃料价格的上涨，货运成本也在上升，最终转嫁到零售价格上。

截至2022年初，世界人口大约有78亿，预计2030年和2050年将分别增长至约85亿和约97亿，到21世纪80年代达到约104亿的峰值，并在21世纪结束前维持这一水平。

随着人口的增加，人们对粮食的需求自然会增加。例如，玉米既是人们的食物又是牲畜的饲料，所以牲畜数量的增加也会导致饲料需求量的增加。

此外，甘蔗和玉米还被用作制造生物乙醇燃料的原料，因此甘蔗和玉米的价格可能会因供不应求而日益上涨。

然而，更让人担心的是收入水平的下降，因为低价格

会抑制企业的业绩增长。

当资源性通货膨胀发生时，资产管理是无计可施的。

硬要说的话，那些从事商品期货交易的人或者持有贸易公司、石油、原材料制造厂及相关资源股票的人，才有可能赚钱。

资源性通货膨胀的机制

石油价格飙升　　　　　　　原材料价格上涨

商品价格上涨　　运费上涨

从经济学角度来看，通货膨胀会导致长期利率上升，银行存款利率也会提高，所以你如果把钱放在银行，就能赚取利息，从而防止货币贬值。

但是，仔细想想，我在1990年上大学的时候，也曾把打工攒下来的钱存进了一家信托银行，那时的年利率大约是5%。

这样看来，我们会发现，如果没有大幅度的经济波动，个人能够采取应对通货膨胀的措施是不切实际的。

第 2 章　解读信息、操控金钱的技能

通货紧缩时将钱存到银行果真划算吗

自20世纪90年代"泡沫经济"破灭之后，日本经济陷入通货紧缩的境况。

这意味着货币的价值会上升，所以从理论上讲，我们应该什么都不做，把钱放在银行里，也就是"投资现金"，这样会更有利可图。

但事实果真如此吗？

虽然物价下降了，但收入没有增加，大多数人可能并不觉得他们的生活变得更轻松了。

因此，在过去的高速增长时期和泡沫经济时期还好，但在未来的不确定时期，所谓的通货膨胀对策和通货紧缩对策的有效性也被打上了问号。

所以，我认为，与其为应对通货膨胀或通货紧缩进行投资，不如锻炼自己学会"理财的五种技能"，以便为所有的事情做好准备。

从多角度解读信息

接受"地球正在变冷"这种和主流截然相反的观点

究竟有多少人对预防全球变暖和减少二氧化碳排放的做法表示怀疑?

事实上,我也不知不觉地认为我们必须"减少二氧化碳排放以防止全球变暖"。

但最终,我可能盲目相信了政府和媒体的说法,自己的大脑却停止了思考。

"二氧化碳排放量增加"和"气温上升"的数据让每个人都认为"我们需要减少二氧化碳排放"。日本政府根据IPCC(联合国政府间气候变化专门委员会)的建议制定政策，报纸也直接刊登了政府的官方声明。

于是，政府制订了主要用于削减二氧化碳排放的预算，社会舆论也就这样形成了。

但是，统计学告诉我们，相关性并不一定意味着因果性。

我们稍微研究一下就会发现，很多观点认为，"对气温变化影响最大的是水蒸气的数量，而仅占大气层10%的二氧化碳的数量对气温的影响小得可以忽略不计"。

而且，大多数人认为，日本仅占全球碳排放量的5%，很难指望通过进一步努力减少二氧化碳排放来达到改善环境的效果。

英国科学杂志《自然》登载文章称，"海洋的环流将导致未来变冷"。而美国《新闻周刊》也有报告称，"全球气温上升有许多好处，包括通过提高农业生产力来应对粮食短缺，以及减少寒冷天气造成的死亡人数"。

这就意味着，所谓的环保商品、世界各地正在进行的碳减排活动，以及日本花费数百亿日元的税收来购买碳排放权的行为，可能是没有意义的。

通过审视这些截然相反的观点，用自己的头脑思考，我们就不会被表面的报道冲昏头脑，而是能够做出让自己信服的判断。

试着把媒体的信息进行横向比较

2008年3月25日，日本《读卖新闻》在前一天官方公布土地价格后，以"回升，稳步扩张"为标题进行报道。

然而，同一天的《日经新闻》刊登了以"土地价格：不确定性在蔓延"和"到处都有放缓的迹象"为标题的报道。

尽管官方公布的地价相同，但媒体对此表达了截然不同的观点。

这表明，我们仅依赖一个媒体源是很危险的。

所有事情都是多面的，所以我们有必要从不同的角度来审视，以避免信息出现偏差。

根据正反两个方面的新闻还原整个事件

横向比较的一个方法是订阅多份报纸。

通过比较各大报纸的头版和社论，我们可以训练从不同角度看问题的思维模式。

当然这样做要花很多钱，但我们如果只比较各大报社的网络新闻头条，那么几乎可以在零成本下完成。

例如，一家媒体说"中东石油资金流动"，而另一家媒体说"中东停止重建"，并且每篇报道都有相关案例和证据。

虽然观点截然相反,但两者都是事实。

这意味着,我们可能需要在各种鱼龙混杂的信息中搭建桥梁。

然后,我们需要进一步搜集信息,以填补隐藏在各个观点之间的缺失环节(现象和现象之间可能存在的联系)。

通过这种方式,我们可以训练自己读懂事件的本质和预测接下来要发生的事情。

尝试通过新闻进行跨国比较

我们还要尝试进行跨国比较。

这是我在咨询公司工作时领导教我的方法。只要看看海外的新闻,我们就能知道"国外是如何看待日本的"。同时,这也是学习英语的一个好方法。

通过对比,我们可以发现,对于一个国家而言的大问题,在全球视野下可能是完全无关紧要的,而且同样的新闻在不同的国家也有不同的视角和看法。

这也是横向比较信息的一种方式。

第3章

生钱的技能

赚钱所需的心理准备

抛弃与金钱有关的常识

近几年,投资已然成为人们生活中的热门话题。

然而,投资充其量是一种赚钱的手段,与跟人们成长息息相关的工作不可同日而语。除非你是一名职业投资人,否则投资不可能成为生活的中心。

因此,为了专注于自己的本职工作,我们花费太多时间、精力去投资是没有意义的,关键在于"如何建立一个轻松赚钱的机制"。

在这种情况下,假设过去的方法在各个层面已经行不通,我们最好重新思考。

例如，在工薪阶层这一劳动力形态普及的日本战后高度成长期，由于论资排辈和终身雇用是基本规则，所以进入一流大学和进入一流企业都是可复制的成功模式。

过去，企业能照顾员工的全部。但是现在，有些企业的寿命比个人的职业生涯还短。

如果我们需要工作30年，而企业在10年内倒闭了，那么即使不情愿，我们也会被迫再就业。

而且，在信息瞬息传播的当下，市场即使出现波动，也会迅速趋于平衡，因此商机的有效期也就变得越来越短。我们从博客、邮件、手机的订阅以及网销平台可以看出，只有那些早期参与的人才能赚钱。因此，只有能够快速转换思维模式的人，才能获得先行者利益。

当然，并不是所有的事情都改变了，还有一些不变的普遍真理。因此，未来，我们必须辨别什么规律起作用，以及什么规律不起作用。

要有"多重收入"的想法

"分散投资"是每个人都会想到的，但你有没有想过"多重收入"呢？

一个人越是身处一个不可预知的时代，就越是需要多重收入。如果我们拥有多种收入来源，那么即使失去了一种收入来源也可以用其他收入来弥补,从而形成风险缓冲。

例如公司职员,大多数人只有"工资"一种收入来源。

但是,仅仅依靠工资收入意味着我们已经被纳入了支付工资的公司系统,我们的收入在很大程度上取决于公司的状况(业绩和待遇制度)。

如果你是被雇用的一方,你就无法掌控公司的体系。一旦你反抗公司或者自己不能工作的话,你的收入就会归零。对于你来说,这样就很不稳定。

因此,"多重收入"意味着,增加工资以外的收入,扩大收入的来源。

"不劳而获"的意义

有些人做副业是为了补贴家用。

例如,有些人在早上送报纸,有些人在白天工作结束后去咖啡厅或俱乐部工作,有些人在周末去干洗店负责接待工作。

这些虽然是多重收入,但也有消耗体力的一面。对于一个人来说,除非想要集中精力赚钱去实现短期目标,比如出国留学,否则只会因为老板的增加而倍感疲惫,而且没有自己的时间,所以这种赚钱方式很难持久。

我们还是需要创造一种不依赖自身劳动的收入来源，即"非劳动收入"。

有些人可能会认为，只有通过劳动获得的收入才是高尚的，非劳动收入是可耻的。然而，在这个不确定的时代，仅仅依赖劳动收入也反映了人们未能做好防范风险准备的事实。

我并不是在否定劳动收入。

劳动收入也就是靠本职工作获得的收入，是帮助自身成长、体验幸福的重要人生支柱。为了能够最大限度地充实本职工作，我们也需要一份使自己无须为金钱奔波的、稳定的非劳动收入。

我们不知道自己什么时候会生病，也不知道公司和工作将来会怎样，甚至随时有可能要为孩子或父母支付一笔意外的费用。如果税收或生活成本飙升，我们也不知道自己的收入是否会随之上涨。而且总有一天，我们会丧失劳动能力。

在这种情况下，我们的生活方式就是消耗自己的积蓄。也就是说，我们的存款余额只会越来越少。这是一场与"不安"进行的斗争。

比方说，"拥有3000万日元存款"的状态可以说是不错的了，但如果自己活的时间比预期长呢？

"今年花了500万日元，那么只剩下2500万日元了"，这种一点一点花光积蓄的生活，对精神健康是非常不利的。因此，无论周围的环境如何变化，我们都要长期有一定数额的收入,这样就可以保持心境的平和。

"这个月会有50万日元入账","下个月也会有50万日元入账","明年会有600万日元入账",这样我们才更容易规划生活,不是吗?

如果收入稳定,人的内心就会平静下来,日子也就会过得踏实。这就是我说获得"非劳动收入"是非常重要的原因。

很少有人能在资产形成前保持不败

投资是一种"投入资本"的行为,只要肯出钱,谁都能够做到。

然而,"资产形成"就像字面上的意思一样,即形成一定规模的资产。如果资产减少了,投资就没有意义了。

我身边有一些职业交易员,他们只靠投资生活。

一些厉害的交易员尽管挺过了雷曼危机,却在随后复苏的市场中遭受重创,几天之内就失去了之前积累下来的利润。

即使是出版了好几本书的著名投资家,他们原本高达10亿日元的资产在三个月内也缩水到只剩下了3亿日元。

包括我在内的许多人有"在短时间内赚了钱"的经历。但是,我几乎从没见过有人"一直在赚钱"。这类人即使存在，恐怕也只是极少数吧！

就像在日本4000所加入高中棒球联盟的学校中，只有49所能够参加甲子园大赛（日本高中棒球联赛）一样，要想从市场中获利，我们就必须付出相应的努力。

就像经常参加甲子园大赛的学校拥有历史悠久的棒球部一样，我们在投资方面需要经年累月的锻炼。

我自己也不是没经历过失败，也是时赚时亏的。

2004—2007年，我一直在赚钱；2008年，我将赚的钱全亏掉了；2009年，我赚了大约1000万日元。总体上看，我自从投资以来确实是赚钱的。

但是，我也不知道接下来会发生什么。我看不懂未来的行情，我可能会在某个地方损失惨重。

当看到自己的经历以及周围职业交易员的业绩时，我深切地感受到：如果不认真学习并不断实操的话，就不可能在资产管理和投资中获利。

反过来说，对于那些不愿努力的人而言，将金融产品作为一种资产形成的方法并不适合。

投资和投机的区别是什么

关于投资和投机的区别，虽然有许多图书和文献讨论过了，但是我们为什么还要进行区分呢？因为通过意识到

第 3 章　生钱的技能

"自己要做的究竟是投资还是投机",我们可以排除赌博性质。

投资是指"投入自己的财产,通过自己或对方的努力来提高价值,从而获得相应的利益"。

换句话说,投资就是把钱投入创造财富的行为中。

如果我们购买企业的股票,企业就会用这些资金建造工厂、采购原材料、销售产品。企业获得的部分利润将作为股息返还给我们。

存款利息也是如此,银行将我们存入的钱贷给企业,然后将获得的收入的一部分作为利息返还给我们。

自我投资也很容易理解。这是一种将钱投入阅读或学习以增加自我价值并获得更高收入的行为。

相比之下,投机指的是"投入自己的财产,利用认识差异造成的价格差异或价格波动获取利益"。

也就是说,投机是把钱投入赚取差价的行为中。比如,短期的股价上涨收益,汇率差价收益,以及因土地升值而出售房地产的收益,都属于此类。

"**利用认识差异造成的价格差异**"可能很难理解。

这意味着,有些东西很吸引人,并且有些人注意到了它们的价值,但是由于信息的差异,很多人并不是这样看待的。

因此,投机者如果提前买下这些东西,当人们都去关注它们且价格被重新定价时,就可以从中获得差价。这就是所谓的套利交易。

艺术品就是一个典型的例子。我们可以购买艺术家年轻时的绘画和雕塑。当他们出名并得到周围人的认可时，我们就可以通过出售价值上升的作品来获利。在这种情况下，我们需要看清楚这位艺术家是否会走红，只有拥有这种眼光的人才可以从中获益。

更准确地说，"投资的对象是那些有很多可控因素的东西"，而"投机的对象是那些可控因素较少的东西"。

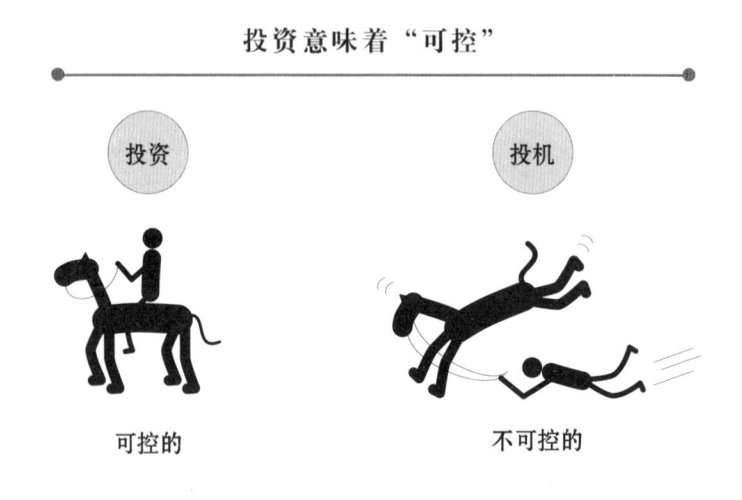

投资意味着"可控"

投资
可控的

投机
不可控的

如果我们知道一项投资具有很强的赌博性质，也能提前意识到遭受损失的可能性较高的话，那么我们即使失败了也可以将此当作"一种经验"去接受。

第 3 章 生钱的技能

但是,如果我们没有意识到这一点,思维就会陷入"为什么会是这样"或者"果然这样行不通"的泥潭中。如果我们将非常重要的积蓄拿去投资,那就更令人无法接受了。

因此,通过识别和排除赌博性质,我们可以将资金转移到更具有确定性的目标上。

让资产只增不减的理念

通俗易懂

如果投资股票,我们可以选择那些商业模式比较容易理解的公司的股票,最好避开那些投资欺诈中常见的机制复杂、盈亏机制难以理解或缺乏透明度的公司的股票。

而且,我们不要对那些无法预测风险的股票进行投资。提前了解存在何种风险,以及在什么情况下会造成损失,也是非常重要的。

另一种方法是,投资知道"自己正在做什么"的项目。

例如,随着时间的推移,房子会变得越来越旧,这是我们能看到的。因此,我们必须采取措施。如果重新装修房子的话，我们就会知道房子将变得好看。如果放垃圾的地方杂乱不堪的话，那么我们可以在公告栏贴上通知，以便提醒大家注意，或者请管理公司来清理。

我们要选择那些清楚地知道"自己正在做什么"，以及"自己必须做什么"的项目进行投资。

易于获取信息

海外投资需要更加谨慎，因为我们很难搜集到准确的信息。

当然，在很多情况下，那些不被大众熟知的事物中往往蕴藏着机会。但是，如果不能亲自确认的话，我们就不得不依靠别人加工过的二手信息。这是有风险的，因为二手信息通常带有偏见，容易误导我们。

然而，由于美国和欧洲的发达国家可以迅速、大量地搜集影响价格的各种统计数据信息，所以这些国家更容易做出正确的判断。

具备杠杆效应

杠杆的真正意义是，提高资金效率，以最小的投资获得最大的回报。

这就是每个人所熟知的"追求高性价比"的道理。

1000万日元即使翻一倍，也只有2000万日元，而如果发挥10倍的杠杆效应，它就会变成1亿日元。由于杠杆是速度与力量的结合，为了用最小的投资获得最大的回报，有效方式就是针对具备杠杆效应的对象进行投资。

在商业活动中，如果我们单独工作的话，那么杠杆效应只有一倍，我们只能赚到自己工作的那部分薪水。但是，如果雇三个人的话，我们就可以完成三倍的工作。所以，即使付给他们薪水，剩下的钱依然比单独工作的时候要多。

房地产也是如此，只用占购房全款20%或30%的首付款就能贷款买房说明的正是杠杆效应。银行不会借钱给我们买信托基金，但会借钱给我们买房子。因为银行认为，房产是有价值的，可以作为抵押。

虽然保证金交易、信贷交易和期货交易也是杠杆效应的对象，但是杠杆的作用方向如果与预期相反的话，就会造成更大的损失。因此，我们需要投保一个止损订单，或者投保更多的保证金，以提高止损能力。

第 3 章 生钱的技能

投资可控资产

我把房地产放在资产管理的核心的原因是，它是可控的。

金融产品本身无法控制收益率和风险，我们只能决定买入和卖出。

例如，信托投资无法控制风险和回报，股票价格、汇率和中彩票的概率同样无法控制风险和回报。

然而，对于房地产来说，我们可以通过更改租金和押金来重新制作招租广告，或者重新装修房屋内外来控制入住率和收益率。

虽然我们无法控制贷款利率和房地产价格的波动，但是贷款可以再融资，利率也可以商量。即使土地价格下跌，我们也不需要出售房子，因为我们有房租收入。

对于房地产，那些缺乏操控方法和技能的人通常会说："存在这样的风险是很危险的。投资不是那么天真的。"

此外，商业活动在一定程度上也是可控的，既可以改变产品，也可以改变价格，甚至可以改变营销手段和员工人数。

在公司里，新员工虽然不能控制任何事情，但是成为部门领导的话，就会获得相应的权限，从而实现对工作的控制。

投资自己能够掌握控制权的东西。如果自己无法控制，这就不是投资，而是赌博。

在无法控制的东西上使用过多的杠杆就像坐上了一辆只有油门、没有刹车和方向盘的汽车。

我们不能把对金钱的控制权交给陌生人。

赚钱的秘诀是什么

想在金融交易中不断成功，先要找出其中的规律

比如，下雨天，便利店的顾客人数会减少，便利店的销售额也会下降。所以，如果天气预报说明天会下雨，便利店就会减少订购便当和熟食，因为这些食物很容易因过期而作废。另外，便利店会增加雨伞和热饮的订单。

再如，人们中午12点左右去餐厅的话会感到很拥挤。所以，忙碌的打工人会避开拥挤的中午12点去餐厅。

就这样，我们在日常生活中发现了规律，并试图采取最适合自己的行动。

金融商品也是如此。如果发现了其中的规律，我们就可以利用这些规律来赚钱。

黄金等期货交易中也曾出现这种倾向：一大早人们纷纷抛售，造成价格下跌；到了晚上，价格又回升。因此，只要在上午买入、晚上卖出的话，人们就能赚取一点利润。所以，大家都愿意朝买夕卖。如此一来，此条规律的空子就会被钻，反而会出现上午价格贵、晚上价格便宜的情况。

一旦规律被发现，大家就会一拥而上，最终造成规律失效（接下来会有人反其道而行之，在早上卖掉，在晚上买入）。

因此，规律不是一成不变的，要想屡战屡胜，我们就必须不断努力寻找新规律。

有些人之所以按照投资书上说的方法去投资却赚不到钱，是因为他们在交易时所遵循的规则已经过时了。

然而，这并不意味着这些书不好，也不意味着作者的方法不好。因为在作者写书的时候，那些规则和方法是有效的，所以作者取得了成功。这些都是事实。

而作为一名读者，我们只能通过自己不断试错去发现规则。这些规则只有在反复不断地进行交易的经历中才能捕捉到。

第 3 章　生钱的技能

看清楚价值的本质是什么

一些人在股票投资中将PER（市盈率）作为指标。

> **PER**
> 通过比较股票价格与企业的盈利能力来判断股票的投资价值时使用的一种衡量标准。PER ＝ 股票价格 ÷ 每股收益。

在对投资对象进行评估时，这一数字确实值得注意，但它并不是衡量投资对象内在价值的标准。

例如，作为PER计算依据的股票价格是由投资者的欲望决定的，因此这些数字本身并不能说明企业的成长性。

成长性的背后是企业拥有的商业模式和资产（比如用户、客户、制造方式、融资能力等）优于竞争企业，潜在市场巨大，以及管理者能够很好地控制企业。

收益率表明股票的盈利能力。如果是房地产的话，计算收益率的前提是百分之百的入住率。

在房地产方面，我们尤其需要考虑的问题是"是否有人愿意入住""房租是否合理""是否有人愿意购买"。

在来找我咨询的客户中，有人会拿出各种评价指标，比如LTV（贷款价值比）、IRR（内部收益率）、DCF（折现现金流）等。他们认为，如果这些数据好看的话，他们就可以"买入"。

LTV
贷款金额相对于抵押品价值的比率。

IRR
分配金额相对于投资金额回报了多少的比率。

DCF
未来可能产生的自由现金流乘以一定的贴现率计算出的现值。

就像金融产品一样,如果同类产品具有相同价值的话,那么我们可以用数据来评估并决定。但是,对于房地产来说,由于不存在完全相同的两处房产,所以房地产的内在价值并不仅仅由这些数据决定。

但是,如果没有人愿意搬进去,那么这些数据在未来也不会实现。

实际上,我们最需要考虑的是租赁需求,它难以用数据来衡量。

我们必须从这样一个现实中吸取教训:那些一直用数据来判断的专业人士,在金融恐慌中已经深感切肤之痛。

即使不是数据方面的专家,像租给我房子的房东(种地的老爷爷和老奶奶)一样,通过持有优质的租赁房源,人们也可以毫发无伤地度过金融危机。我们不能忽略这些人的成功要素。

简而言之,重要的是能否意识到"价格"和"价值"是完全不同的。

为什么罗伯特·清崎在次贷危机前卖掉全部房产

尽量避开那些备受追捧的商品。

因为我们很容易面临崩盘的危机。

曾经有一个著名的故事,说的是美国前总统肯尼迪的父亲在大萧条之前抛售所有股票,从而成为亿万富翁。

因为他去擦鞋的时候发现连擦鞋的男孩都在谈论股票。

"连这么小的孩子都忽视了自己的本职工作,沉迷于股票,这太不正常了。"他意识到这一点,于是卖掉了所有的股票。

另外,罗伯特·清崎在次贷危机前卖掉了全部房产,因为餐厅服务员高兴地告诉他自己拿到了房地产经纪人执照。他觉得:"连业余人士也参与到市场中来,这太危险了。"

如果我们感觉周围的人开始蠢蠢欲动,那么尽管认为离开市场太早,我们还是要看准时机尽快脱手。

就算要保留头寸,我们也应减少部分。

头寸

自己持有金融资产的数量。进行新的投资被称为"建立头寸",即"开盘"。

现在很难通过分散投资来保护资产

如果投资组合适当地用在互不相关的金融产品上,那么分散投资可以有效地规避风险。

投资组合
将自己的资产分散投资于多种金融产品。

这种观点在"和平时期",即全球经济稳定增长时期,是行得通的。

有些人认为自己正在进行分散投资,其实他们只投资"证券"这种与市场挂钩的金融产品,根本没有分散投资。

有一种观点认为,全球经济并没有完全联系起来,既有经济不景气的国家,也有经济繁荣的国家。这种观点被称为"经济去耦论"。

另外,随着全球金融技术的进化和扩张,有人认为,如果某个大国没落了,那么其他大多数国家也会随之没落。这就是所谓的耦合论。也就是说,全球经济是联动的。

然而,能够影响全球经济的国家并不多。英国的英镑贬值,俄罗斯的卢布贬值,韩国的韩元贬值,对我们的生活没有太大的影响。

也有人认为,2008年始于美国的金融恐慌是一个例外,只是由证券化技术造成的多米诺骨牌效应。

由此看来，分散投资基本上是一种行之有效的方法，因为这种恐慌发生的频率很低。

然而，未来金融技术会越来越先进，新的金融产品会不断产生并销售。金钱的跨国流动应该会越来越激烈。

考虑到这样一个全球化的社会，单纯的分散投资很容易，但有意义的分散投资是极其困难的。

集中投资才是
让你的理财技能快速提升到专业水平的方法

我建议在进行分散投资之前，先从集中投资入手。

通常，人们有自己的本职工作，所以用于投资的时间和资金是有限的。比如，棒球运动员同时练习篮球和击剑会分散他们的时间和精力，很难取得好的成绩。

所以，我们先要集中精力做一件事，一口气把知识和运用技巧提高到专业水平。这样一来，进步速度就会加快，直觉也能发挥作用。

投资理论并不会因为投资对象的不同而发生很大的变化。无论是股票、外汇还是房地产，盈利模式和道理都是一样的。

也就是说，能从股票中获利的人既可以在外汇中获利，也可以在房地产中获利。所以，一旦掌握了一项技能，我们就可以把它应用到其他对象上。

真正的投资者不需要分散投资

那些不知道自己在做什么的人,或者无法控制风险的人,只能进行分散投资。

但是,那些知道自己到底在投资什么,以及了解风险的存在并知道如何回避风险的人,实际上并不需要进行分散投资。

因为他们知道,如果把资金集中在投资效益最高的目标上,那么回报率是最高的。

能够对企业进行分析评估的人,为什么要分散投资呢?

沃伦·巴菲特说:"分散投资是为了避免无知所采取的防护措施。那些知道自己在做什么的人不需要分散投资。"

投资常识可靠吗

长期投资能让资产增值吗

我想每个人都听说过"长期投资是资产管理的基础"这句话。

的确,如果进行长期投资的话,我们就可以忽略短期的波动,所以不必为每天的市场波动而时喜时忧。

但在介绍长期投资之前,我们必须了解长期投资发挥作用的前提条件。这意味着,就资产本来的价值而言,现在的价格相对便宜,而随着时间的推移,价差会消失,我们可以利用这一时机来获得利润。

"如果长期持有,那么价格总有一天会上涨"的这种想法只是美好的愿望。的确，长期来看，价格有可能上涨，只是当我们真正要用钱的时候，它不一定会上涨。

2008年秋天，受到雷曼危机的影响，日经股市平均指数跌至7000点，报纸报道，"这是自1982年以来的最低水平"。这意味着，那些自1982年以来投资并长期持有的人，26年来积累的所有收益都化为乌有。

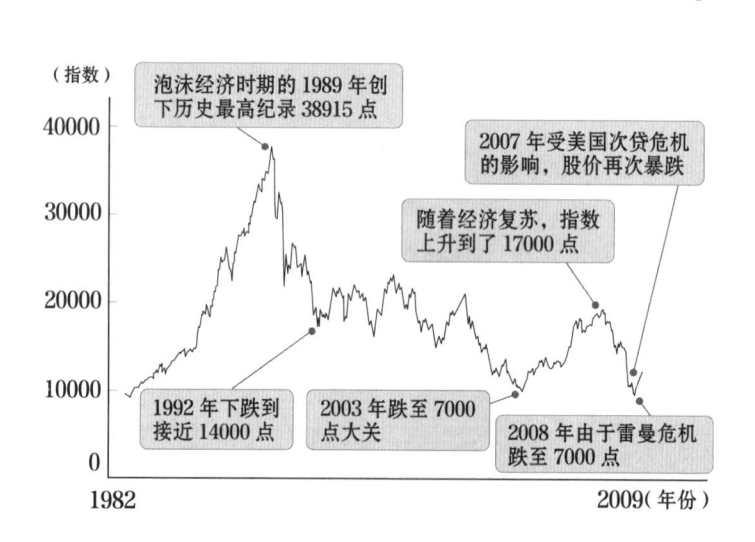

日经股市平均指数

（指数）

- 泡沫经济时期的1989年创下历史最高纪录38915点
- 2007年受美国次贷危机的影响，股价再次暴跌
- 随着经济复苏，指数上升到了17000点
- 1992年下跌到接近14000点
- 2003年跌至7000点大关
- 2008年由于雷曼危机跌至7000点

1982　　　　　　　　　　　　2009（年份）

有些人相信长期投资，不断积累股票和信托基金，可当他们到了晚年，真正需要钱的时候，资金不但没有增

加，反而变少了。

由于经济是循环的，所以在我们需要钱且不得不卖掉信托基金或股票之际，如果经济好转的话，钱就会变多。

但是，如果经济不景气呢？我们又怎么知道20年或30年后的经济和行情呢？这不叫赌博，又叫什么呢？

我们需要意识到的是，长期持有并非目的，而是一种手段。

预计经济将继续增长，仍有上升空间。或者说，与资产固有价值相比，现在的价格相对便宜。如果我们这样判断的话，价格和价值之间的差距应该会随着时间的推移而趋于一致。

换句话说，等待价格与价值之间的价差消失。这就是长期投资的基本思路。

所以，在长期投资中，如果价格在短期内上涨，我们也必须卖掉它来确保利润。也就是说，"只要是长期投资，那么即使放任不管也能安心"是不可取的。

了解证券公司的心理

为什么证券公司和理财规划师要开展信托基金长期投资的宣传活动呢？

一个原因是，没有人知道短期的价格走势。

另一个主要原因是，证券公司需要赚钱。当客户持有信托基金时，不管经济如何波动，固定的信托报酬都会源源不断地进来。

有些产品能够让理财规划师获得一部分信托报酬。对于他们来说，没有比这更好的产品了。

但是，如果信托基金在中途被卖掉的话，证券公司就拿不到报酬了，证券公司必须重新吸引顾客，开展销售活动。这又需要花费成本和精力。

因此，让客户长期持有信托基金对于证券公司来说是有利的。相反，如果让客户频繁买卖股票或外汇的话，供应商就可以通过手续费以及点差赚钱，所以供应商会建议客户进行日内交易（Day Trade）或波段交易（Swing Trade）。

点差

在外汇市场购买货币时，"买入"和"卖出"之间的汇率数字差异。

你会成为巴菲特吗

许多支持长期投资的人会说，即使是巴菲特，不也从长期投资中获利吗？

第3章 生钱的技能

那么，让我们来看看巴菲特是从什么时候开始投资的。

如果采用与巴菲特相同的方法，那么我们需要一个前提条件，那就是遇到与巴菲特赚钱时相同的环境。

例如，如果在20世纪60年代买进日本股票，然后在1989年之前卖出的话，那么我们应该会赚不少钱。可是，在泡沫期之后进行投资，并且从长期投资中获利的又有几个人呢？

此外，巴菲特不光进行了长期投资，还做了两三重保险，确保不会轻易出现亏损。

例如，在2008年9月金融危机爆发之际，巴菲特率领的伯克希尔·哈撒韦公司以50亿美元的价格收购了高盛集团发行的分配收益率为10%的永久优先股，同年10月又以30亿美元的价格收购了通用电气公司分配收益率同样为10%的永久优先股。

从那以后，两只股票的价格持续下跌，大约半年后，伯克希尔·哈撒韦公司的损失加起来超过了30亿美元。

但是，如果高盛和通用电气不倒闭，并且能够持续获得预期利润的话，那么巴菲特每年将会获得8亿美元的红利。如果持有10年，巴菲特就可以收回投资本金，之后就可以永远坐等分红了。

这些公司之所以能够提供这些有利条件，是因为投资人是巴菲特，而且他拥有庞大的资金。我们虽然能够从巴菲特身上学到很多东西，但是仅仅模仿他的风格并不一定奏效。因为他和"单纯的长期投资者"是不同的。

这意味着,巴菲特是一个罕见的投资者。换句话说,如果你采用与巴菲特同样的投资方式赚到钱的话,你就可以大胆创业,从而成为第二个"比尔·盖茨"。

我不否认长期投资,也不否认巴菲特的投资方式。我相信,未来也一定存在增长有望的市场,因此坚持长期投资是有效的。

但是,我们必须认识到,在一个经济持续增长不明朗的时代,"长期投资的本质"已经发生了变化。

对于现代的长期投资,其本质是等待价差被修正,这种价差是自己认可的价值与市场感受到的价值之间的不同造成的,我们必须抓住自己认为价格被修正的时机从而获利。否则,我们将再次面临崩盘的风险。

信托投资能让资产增值吗

关于信托投资的那些不便告知的真相

做一个小测试。

在任何人都可以买到的余额超过100亿日元以上的136只日本股票信托基金中,你认为有多少只基金能在2007年有盈余呢?(这是距离雷曼危机爆发半年之前的成绩表现)

答案是 0 。

也就是说,136只基金全部亏损。

其中跌幅为一位数的信托基金只有一只,其余的跌幅都超过20%。的确,在2007年8月次贷危机爆发后,日经指数下跌了27.5%以上,即使由专业人士操作,结果也是惨不忍睹。

在我们的有生之年，每个人都经历过经济好转与衰退的周期，我们知道经济的好坏是不断反复的。这一规律谁都知道，但没人能预知经济什么时候变好或变坏。

而且，与股票绑定的信托投资只有在股价上涨的时候才会增值。也就是说，与保证金交易和信贷交易不同的是，在股价下跌的时候，我们束手无策。

常言道，"信托投资适合初学者"，但我十分不解，信托投资究竟因什么特点适合初学者呢？

比如买车，车的价值在于让我们的出行更加舒适和方便。再如买健康食品，食品的价值在于让我们身体健康、不易生病。

那么，信托投资是一种能带来什么价值的产品呢？

你是否知道自己正在购买或者打算购买的信托投资产品究竟把钱投到什么地方，是在什么条件下赚钱，又是在什么情况下赔钱呢？

不要因为金融机构或理财规划师建议你这么做，你就这么做；而要因为你理解了"自己正在做什么"，再去付钱。

新兴国家将成为全球增长的中心

信托投资有没有办法使钱增加？其实是有办法的。

第3章 生钱的技能

从长期投资中获利的关键在于先发制人,抢占未来有望增长的潜力股,比如以中国和印度为代表的新兴国家。

事实上,那些在IT(信息技术)泡沫破裂后的黎明期或次贷危机后的崩盘期购买新兴国家基金的人,他们的财富正在与日俱增。

根据日本总务省统计局的数据,2008—2050年世界人口增长率如表1所示,几十年后的全球可能进入亚非国家的时代。

表1 2008—2050年世界人口增长率预测

2008年		2050年		2008—2050年	
国家或地区	总数(百万人)	国家或地区	总数(百万人)	国家或地区	增长率(%)
中国	1336	印度	1658	刚果民主共和国	189
印度	1186	中国	1409	埃塞俄比亚	115
美国	309	美国	402	尼日利亚	91
印度尼西亚	234	印度尼西亚	297	巴基斯坦	75
巴西	194	巴基斯坦	292	埃及	58
巴基斯坦	167	尼日利亚	289	孟加拉国	58
孟加拉国	161	巴西	254	菲律宾	56
尼日利亚	151	孟加拉国	254	印度	40
俄罗斯	142	刚果民主共和国	187	伊朗	39
日本	128	埃塞俄比亚	183	越南	35
墨西哥	108	菲律宾	140	巴西	31
菲律宾	90	墨西哥	132	土耳其	30
越南	89	埃及	121	美国	30
埃塞俄比亚	85	越南	120	印度尼西亚	27
德国	83	俄罗斯	108	墨西哥	22

资料来源:日本总务省统计局

为什么呢？因为人口增长会扩大内需，从而促进经济发展。随着人口的增加，我们必须建设城市基础设施，比如住房和道路等，对食品、服装等各种物资的需求也会不断增加。于是，企业会成长，人们的收入会增加，内需也会越发扩大。

在我的朋友中，有的在蒙古国投资开采矿山，有的在泰国或者印度尼西亚投资股票和房地产。据他们说，外资正在参与这些新兴国家的开发，国民的收入水平也在急剧提升。

例如，在印度尼西亚的首都雅加达，一套公寓的平均价格为1亿日元，顶层的豪华公寓价格为6亿日元，堪比日本超豪华公寓的摩天大楼随处可见。

在日本人看来，虽然印度尼西亚是一个政局动荡的发展中国家，但其人口是日本的两倍。印度尼西亚也是一个能够大量开采稀有金属的资源国，因此以欧洲为中心的海外资本不断进入印度尼西亚。

同样，蒙古国的乌兰巴托也在依靠外资进行开发。这是理所当然的，因为蒙古国有着丰富的矿产资源，有潜力成为世界屈指可数的资源国。

也正是由于这一原因，以最大的矿山开发商必和必拓公司（BHP Billiton）为首，世界各国的矿业公司和商社纷纷加入蒙古国矿产行业。

这些包含未来有望增长的新兴国家的股票和债券的基金，只要"不出现政局动荡或通货危机等重大问题"，从长远来看,增值的可能性都很高。

非洲国家也是人们关注的焦点,对此你会心生畏惧吗?

然而,历史证明,只有在大家都惴惴不安的时候出手,我们才能在之后获得丰硕的果实。

新兴国家存在机遇

与高速成长期的日本同样的情形正在新兴国家发生

争取实现经济复苏

我想,即使是那些对投资不感兴趣的人,假如穿越到第二次世界大战结束后,也会想要购买像索尼、本田和松下电器这样的股票吧!

大家都想买市中心的土地和房产吧!

这是因为我们知道这些资产肯定会增值。在新兴国家,尽管存在一些风险,但是类似的股票随处可见。

你看过日本电影《永远的三丁目的夕阳》[1]吗?

在三丁目,一些有钱人乘坐黑色的小汽车,但大多数人出行还是靠自行车或摩托车。

你是不是在什么地方见过与之类似的情景呢?

没错,孟加拉国和越南。同样的情况也可能发生在刚果民主共和国(2050年的人口预测为1.87亿)和尼日利亚(2050年的人口预测为2.89亿)。

当然,由于它们是新兴国家,今后其中的一些国家可能会经历几次经济危机。

但这正是长期投资的好机会,正如对高速成长期的日本进行投资一样,这是一个放任不管就可以赚钱的机会。

---

[1] 《永远的三丁目的夕阳》是由山崎贵执导的剧情片,影片以日本东京旧城区夕日町三丁目的一条商业街为背景,再现了战后日本经济复兴时期普通人的生活。——译者注

投资金融产品不赔钱的理念

取得成功的学习方法

运动员之所以能在比赛中赢得金牌,是因为他做了获胜所需要做的事情。

同样,如果为了投资而不断学习、实践并反复验证的话,我们就可能赚到钱。那些认为"投资很危险"的人只是没有练习如何赚钱而已。

研究投资方法在什么条件下能够有效运作

关于投资,有很多不同的方法论,根据投资期限和预期回报的不同，不同的投资方法会产生不同的效果。

由于世界上并不存在万能的投资方法，所以我们在试图运用一种投资方法时，需要了解或者验证这种方法在什么样的环境下有效，以及在什么样的环境下无效。

世界上没有好的或坏的投资方式，有的只是好的和坏的投资者。

擅长"静观其变"的人很厉害

我们经常在与投资有关的书中看到这样一句话："散户投资者比机构投资者更有利的条件就是前者可以停止投资。"

但是，我们要理解这种"停止"的本质并采取行动出人意料地困难。

"停止"这个词给人的印象是松了一口气。当然，即使看不清市场走势，或者跟不上剧烈的市场波动，抑或因工作太忙没时间关注股市，我们也可以从股市中脱身。

但事实上，"停止"的意思是"'虎视眈眈'地寻找下一次机会"，这是一种高级战术。为什么是高级战术呢？因为很多人"等不了"。

随着股市的兴起，看到"日经平均指数刷新最高纪录""日经平均指数比前一天上涨多少点"等新闻时，我们就会产生"不想错过"的心理。

然后，即使价格稍微高一点，人们也会抵挡不住"可能会继续上涨"的诱惑，忍不住进入股市。

当市场健康发展时，股价会缓慢上涨，但是在泡沫经济破灭之前，上涨幅度会突然升高。原因也许是那些等不及的人，成群结队地拥进股市。

这时，你可以多头卖出，空头买入。当股市开始崩盘时，惊慌失措的人和无法承受的人会割肉抛售，从而加剧暴跌。在股市崩盘价格暴跌和自身利润确定之际，你再悠然自得地买入。

不要被周围的动静迷惑，用"等待"的高级战术来抓住下一次机会。

因为下一次机会一定会到来。

行情大跌是最大的机会

如前所述，崩盘是一个机会。

为什么这样说呢？因为人们会在不安的驱使下轻率地抛售股票，然后就会出现过冲（暂时的失控）现象，使股价降到原来的价值以下。

在这种情况下，我们可以运用投资的原理原则。也就是说，"在大家都卖的时候买进"或者"在便宜的时候买进"。买进的股票有可能还会下跌，这时我们就需要忍住不出手。

然后，当积累了一定数量的股票后，我们就要耐心等待价格恢复。当股价回升后，我们就将股票出售获利，然后耐心等待下一次机会。仅此而已。

换句话说，这是一种赢了就跑的"且战且退"（hit and away）策略。

我就是用了这种"在崩盘时囤股，在价格恢复时出售"的方法，这是一种百分之百赚钱的方法。

而且，正如大家已然知晓的，囤股的好时机并不多，所以我们需要等待几个月甚至几年。

自己要通过五感进行确认

据说，国际投资家吉姆·罗杰斯（Jim Rogers）会冒险环游世界，参观公司和矿山，然后再决定是否投资。

我们也一样，尽量多运用自己的五感去选择投资对象。当然，我们可以只通过数据分析来判断投资对象。但是，我们也可以成为投资对象的用户，尝试购买商品，实际接受服务。

如果投资对象是一家生产消费品或面向普通用户开展业务的公司，那么我们可以到实体店亲自体验。比如，我们可以去优衣库试穿衣服，去吉野家品尝食物。

如果某公司出现了优秀的新产品,我们就会产生"这家公司正在努力"的实际感受。如果我们认为这家公司的业绩还会增长的话,我们就可以买它的股票。如果这家公司的产品品质下降了,我们就会觉得是时候卖掉它的股票了。

从消费者的眼光来看

这个产品不错。
这家公司很有前途!

去吃,去看,去触摸,实际感觉很重要

投资,基本上是武断的和带有偏见的。

这就是为什么每位投资者的结果各不相同。

对于投资者来说,自己的偏见与其他大多数人的偏见越不同,获胜的概率就越大。

让我们充分利用五感去感受吧!

更多地了解企业商业模式的想法可以让人产生全新的求知欲。

在投资新兴国家之前,要亲眼确认

随着冰岛出现债务违约的情况,原本收益率高达10%的政府债券变成了一张废纸。

购买这些债券的人真的是因为了解冰岛这个国家才去购买的吗?

对于新兴国家的投资也是如此,我们需要亲自去看一看,亲眼、亲耳、亲手去感受一下。如果认为该国成长有望,或者想要支援该国成长,那么我们再做投资决定也不迟。

只有真正实地考察的人才会清楚这些国家经济增长的潜力。

所以,如果你不想去或者不能去实地考察的话,那么你需要不去投资的勇气。

第3章 生钱的技能

不能只让有钱人通吃

对于日经225、外汇、商品期货交易,在杠杆交易的作用下,我们可能会在一瞬间大赚一笔。

然而,杠杆是一把双刃剑,如果市场与所持头寸在相反的方向大幅波动的话,投入的资金就会遭受损失,甚至有造成更大损失的风险。

为了防止这种情况发生,我们要么被迫投入额外的保证金(追加保证金),要么割肉,也就是止损。

在这些交易中,有钱人最后会赢。

那么,为什么有钱人最终会赢呢?因为他们有能力追加保证金。

由于既不存在永远下跌的行情,也不存在永远上涨的行情,所以即使暴跌,上涨的浪潮还是会再次来临。

穷人之所以会输,是因为他们没有能力追加保证金。即使他们可以追加一两次保证金,但如果连续追加三四次的话,资金就难以为继了。

这时,穷人别无选择,只能抛出头寸,所以他们会失去所有的存款(他们可以通过反向交易来暂时保护自己,但是他们可能会面临被套牢的风险)。

然而,有钱人可以通过追加保证金来经受住股价骤降的风暴。

当股价恢复的时候,有钱人可以获得利润,即便是在股价没有完全恢复的时候，他们也可以将损失降到最低。

所以，尽管这个过程可能很无聊，但我们最好不要企图一下子大获全胜，而是用小额的资金进行投资，耐心地一点一点积累财富。

是的，能赚钱的投资，本来就很无聊。

今后商品期货交易会变得很有意思

我现在关注的是大宗商品，也就是商品期货交易。

在原油价格飙升的时候，我曾经通过买卖汽油在一周内赚了200万日元，还在经济衰退之后通过买卖铂金在半年内获利了400万日元。

工薪阶层中的一些人自掏300万日元，在2008年铂金价格大涨的情况下，半年内就获利1亿日元。

这会给普通人造成一种高风险、高回报的印象。

的确，黄金和铂金的杠杆率是1000倍，原油和玉米的杠杆率也高达50倍。

那么，我为什么要投资大宗商品呢？

究其原因，当然包括可以从未来不断增长的资源需求中获利，但更主要的是"通过商品市场，可以看到一个普通人所看不到的世界"。

石油自不必说，它就像鲸鱼一样，全身都是宝，所有的

第 3 章　生钱的技能

成分都可以作为原材料或燃料来使用，没有丝毫的浪费。

制造混合动力汽车、太阳能电池板、发电厂，都需要石油。也就是说，环保最终也需要石油。

那些混合动力汽车和手机都使用了稀有金属，比如镍和钕。也就是说，先进的技术产品需要地下资源。

铂金不仅被用作贵重金属，还作为净化汽车尾气的催化剂来使用。大豆和玉米除了作为产品的原料以外，还能被用作饲料和燃料。

因此，大宗商品与经济和生活密切相关。通过观察大宗商品的走势，我们可以看到经济的发展趋势。

许多人认为，"商品期货交易风险太高"。因为他们只关注风险，所以不会进入期货市场。

也就是说，大多数人无法通过商品市场来把握经济形势。因此，在这一方面，我们可以发掘出一些有别于他人的信息和观点。

购买金融产品实现资产增值

外行人能发现市场的扭曲吗

有一种理论叫作有效市场假说。由于市场上众多专业人士之间的竞争激烈,所以如果出现了价格低廉的投资对象,专业人士就会很快发现并进行交易。这样一来,市场的扭曲就会得到纠正,价格就会回归合理水平。也就是说,这种扭曲是不会长期停留的。

作为超级精英的金融专业人士,整天都在疯狂地进行各种分析,寻找便宜的股票或投资对象。

既然我们投入的时间以及能力都不如他们,那么我们能够超越他们吗?

第3章 生钱的技能

答案是"有可能",只不过"难度很大"。

投资是一种独断的、带有偏见的和情绪化的行为。

一些人觉得某些产品有价值,而另一些人认为这些产品没有价值。

我是从2003年开始投资房地产的,那时候很多人还觉得房地产不可靠。然而,金融机构对房地产融资持积极态度,使得我能够在短时间内获得多套房产。

之后,由于信贷紧缩,市场在2007年开始收缩,这种扭曲在大约五年内得到了纠正。

我感觉"任天堂的股票不错"是在2007年初任天堂股价达到每股3万日元的时候,然而我觉得这一价格飙升得有点高,所以我放弃了。但在之后不到一年的时间里,任天堂股价飙升到了每股7万日元。也就是说,当时我未能洞察其中潜在的利润。

不过,后来任天堂股票的价格暴跌。如果我当时充分利用了这个扭曲,就会获得巨大利润,相反也有人蒙受重大损失。

因此,当面对同样的投资对象时,由于戴的"眼镜"不同,每个人看到的东西也不一样。这就是市场扭曲产生的原因。

购买企业的价值

房地产投资需要在"房产未来可能产生的现金流"中寻找价值,同时"买城市而不是买房产"的观点变得更加重要。

股票投资也应该从"企业未来可能产生的现金流"中寻找价值,同时"买企业而不是买股票"的观点也很重要。也就是说,对于相关企业,我们需要思考四点:

- 该企业靠什么赚钱?→理解其商业模式。
- 为什么该企业优于同类企业?→理解其优势的根源。
- 该企业今后有没有可能继续发挥这种优势?→理解其能否应对环境变化。
- 能否想象出该企业股价上涨的情景?→修正股价与价值之间差异的剧本是否已经写好。

第1点表明我们不应该涉足那些无法理解其商业模式的股票。

第2点表明我们要看企业是否具备像麦当劳那样的全球最佳食材采购系统、员工培训项目、开店选址分析系统等其他企业难以效仿的强项。

第3点表明要看企业是否建立起一种机制很重要,就像运营优衣库的迅销公司一样,能够推出女性用品、内衣、牛仔裤、鞋子等热销产品来应对环境的变化，或者像经营东京迪士尼度假区的东方乐园公司那样，拥有与环境变化几乎无关的独特优势。

然而，最重要的还是第4点。假设某企业的股价明显低于我们所认可的价值，那么要考虑之后会不会出现令其股价上涨的利好因素？比如越来越多的人感受到了该企业的魅力，从而纷纷购买该企业的股票。

当能描绘出这些场景时，我们就很有可能从长期持有该企业的股票中获益。

购买想让子女入职的企业的股票

若要达到即使股价下跌也不在意的境界，那么我们可以购买自己想支持的企业的股票，实现一种纯粹的投资。

如果我们愿意支持一家企业，那么我们可以在自己认为"这个价钱就可以"的时候购买该企业的股票，然后忘记这回事，并持有几十年。

我认识的一个人就买了他想让他孩子入职的企业的股票。

这样的话，如果股票价格上涨，那么他们当然会高兴。但是，如果股票价格下跌，他们就会觉得"又到了买入的时机"，所以可以毫不犹豫地逢低摊平。

> **逢低摊平**
> 当持有的股票价格下跌时，进一步买入以降低交易平均价格。

他们会以积极的心态去守护这家企业。

无选股之忧

虽说越是初学者越要从股票投资入手，但我认为对于初学者来说，股票投资非常困难。为什么这么说呢？因为公司业绩和股价不一定具有相关性，我们很难看出其走势。

从这个意义上说，我认为股票投资的难度最大，股票是初学者最好避开的投资对象。

另外，也有一些人既没有特别喜欢的企业，又觉得花时间对企业的股票进行评估很麻烦。

在这种情况下，他们可以考虑日经225期货交易。

> **日经 225 期货交易**
> 由日经指数（N225）组成的指数驱动型期货交易。

他们不必在意股票选择，也不必担心个股的投资消息，只须关注日经指数的走势，因此很轻松，而且不用担心破产。

第 3 章 生钱的技能

无论是上涨行情还是下跌行情，他们都有获利的机会。

诀窍在于，我们不要一下子操控把所有的钱，而要在投资资金留有余地的情况下，分批处理。这样就可以分散资金进出的时机，实现与美元成本平均法（DCA）同样的风险对冲。

当然，发挥杠杆效应意味着，如果杠杆的作用方向与预期相反的话，那么损失会更大，所以我们要加以注意。

直接使用投资的外汇

我们不知道汇率会变成什么样子，所以不要只被高利率牵着鼻子走。

因为无论我们获得多高的利率，与汇率波动的影响相比，利率都不值一提。

如果以最终兑换成日元为前提的话，我们就会受到汇率的影响。

因此，为了减少汇率波动的风险，一种办法是买入外汇，前提是不需要兑换成日元。

当然，如果日元比当初购买外汇的时候贬值了，那么我们可以换回日元，但是要做好不换回去的心理准备。

那么，这些外币怎么办呢？我们可以将其作为去当地旅行的花费，或者作为孩子出国留学的学费和生活费。

如果想要低风险的外币存款，我们就可以选那些有机会在当地使用货币的国家，比如想去旅行的国家，想去养老的国家，以及想要送孩子去留学的国家，等等。

比如，我有一笔新西兰元的存款，打算旅行的时候在当地使用，或者在购买当地房产的时候使用，所以现在不打算把它兑换成日元。

因此，我无须承担汇率波动的风险。

回报率接近百分之百的外汇法

一种容易上手的金融工具就是外汇，但要一直赚钱可不是一件容易的事。虽然金融市场上也出现了自动交易工具，但这种工具在现实运作中似乎并不顺利。

通过外汇赚钱的方法有很多，这里要介绍的是我在实际中使用的几乎百分之百赚钱的方法。

我的方法基本上就是，"在暴跌的时候买入，在达到理想的换汇汇率点数之前按兵不动"。

外汇的优势在于，无论是上涨行情还是下跌行情，通过很好地区分卖出和买入，我们都能获利。

然而，短期内，我们并不知道汇率会上升还是下降，而且我们有自己的本职工作，也没有空闲花几个小时看图表。

为了不必花费过多的精力，我们只能通过买入来支撑行情（因为如果以卖出的方式进入市场的话，我们就要反过来支付换汇点数）。

当然，这是一个只有买入的单一头寸，为了提高止损能力，我们应该将运转资金控制在低于保证金的水平之下。

这样一来，我们就更有可能享受到外汇差价和换汇点数的双重好处。

例如，2009年1月，我分别以47日元兑1新西兰元和61日元兑1澳元的价格买入外汇，后来出现了超过20日元的外汇差价。

实现资产增值

房地产成为构成资产的新标准

在2008年的金融恐慌中,有一件事情是清楚的。

那就是,在所有的投资对象中,收益稳定性最高的是房地产。也就是说,我们可以买下房产,然后将其租给别人。

无论是次贷危机还是雷曼危机,我和我的客户的房产几乎没有受到影响,反而稳定地为我们赚取租金。

房地产价格确实下跌了,但与开发商和转售商不同,我们不需要出售房产,所以无须在意。有些人认为房产变现能力差,但我们使用的是剩余资金,所以我们无须急着卖掉房产换成现金。

当然，影响也不是完全没有，办公室、店铺等商业用房因企业撤离，以及高档出租公寓因外企裁员，接连出现空置，租金也随之下降。

在2008年的经济衰退中，原本10万日元的房租直接减半变成了5万日元。

无论经济景气还是不景气，所有人都需要一个容身之处。如果我们在一个好的位置拥有一处租金合理的房产，那么即使房产出现空置的情况，下一个住户也会马上搬进来。

我有没有忙着去交易、观察市场，或者为了赚钱而拼命工作呢？其实，我根本没有这样做。但是，我的账户每个月都有房租转账进来。

我一直觉得房地产投资是一项不错的选择，我在过去的各种著作中都提到过。通过2008年的经济衰退，我再次强烈地感受到，房地产投资具备成为资产形成、资产运营的标准资质。

撇开运气或才能

正如前面提到的，无论是股票、外汇、外币存款、商品期货还是日经225期货，我都进行过投资，体验过它们各自的优缺点。当然，我也经历过惨重的损失和各种失败。

专业人士可能会指出，"这仅仅是因为你的能力不足"。我也认为一定是这样的。反过来说,金融产品是一种深受个人力量左右的投资方式。

然而,房地产并不怎么依赖于个人的能力。我所拥有的房产具有房租价格稳定以及即使空出房间来也能很快找到下一个住户的特点,这并不是因为我付出了格外的努力,也不是因为我的能力超群,而是因为房产本身足够优秀。我把房产交给了优秀的管理公司,这样就能保持低空置率和高租金。

也就是说,就像雇用优秀的员工会让公司良好运转一样,选择优秀的房产和优秀的管理公司也能让资金良好地运转。

当然,与股票和外汇等相比,房地产需要大量的资金。从这个意义上说,房地产投资的门槛很高,但是正因为门槛很高,一旦进去就会轻松许多(当然,我们不应购买劣质房产或者一味贪心地想收取过高的租金)。

不具备可重复操作性的投资建议对我们没有任何帮助。在所有的投资方式中,房地产投资的可重复操作性比较强,成功的概率也比较大。

名人投资房地产的理由

世界上很多靠创业以外途径发家致富的有钱人都拥有

不少房地产。相当数量的艺人、职业运动员、经营者、资产家也都拥有很多房地产。

一个以占卜闻名的女士拥有好几家旅馆，我公司的客户中也有不少知名艺人。

另外，日本有一个很知名的故事。据说，一个叫小手川隆的男子从瑞穗证券的"乌龙指"交易失误事件中获利高达20亿日元。后来，他花了90亿日元买下了秋叶原车站前的商业大厦。

我猜测，小手川隆的目光似乎从股票投资的不稳定性转移到了房地产投资的稳定性，从而实现了资产重组。像他这样的资产规模，可能会引起操作方面的不稳定，比如在自己建立的头寸上出现行情波动等。

日本总务省统计局发布的2008年住宅土地统计调查显示，日本年收入为1500万~2000万日元的家庭平均拥有的租赁住宅数量为6.6套，而年收入在2000万日元以上的家庭平均拥有9.1套租赁住宅。

也就是说，那些赚钱的人正在努力购买租赁房产。

这也解释了为什么股票交易受限的高收入金融机构工作人员，以及禁止从事副业的公务员会购买租赁房产。

家庭年收入越高，"用于出租"的住房持有率就越高！

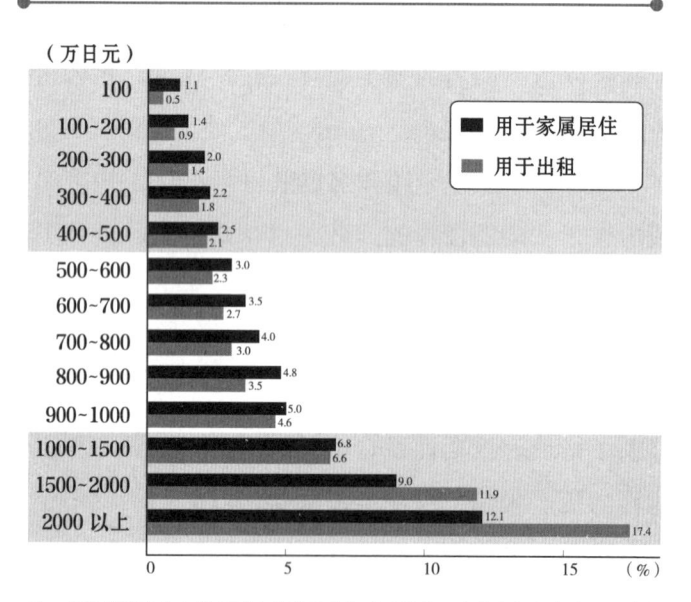

（万日元）	用于家属居住	用于出租
100	1.1	0.5
100~200	1.4	0.9
200~300	2.0	1.4
300~400	2.2	1.8
400~500	2.5	2.1
500~600	3.0	2.3
600~700	3.5	2.7
700~800	4.0	3.0
800~900	4.8	3.5
900~1000	5.0	4.6
1000~1500	6.8	6.6
1500~2000	9.0	11.9
2000 以上	12.1	17.4

注：根据家庭年收入等级划分的除了自住房以外的日本住房拥有率（2008年）

重视自己的判断

关于赚钱，不同的作者讲的可能不同，我只不过是其中之一而已。

那么，究竟谁是对的，谁是错的呢？其实，不能一概而论。

只不过，"对于谁来说是正确的"和"什么时候是正确的"等情形因人而异。

第3章 生钱的技能

如果我们让身边的十个人各画一只猫,结果就会出现十只各不相同的猫。

同样,在面对"房地产投资"时,由于房地产在每个人眼中的呈现方式不同,每个人的经历也不一样,人们对房地产投资的看法和想法也会出现差异。

这些看法会随着时间的推移而发生改变。很多时候,在作者写书时,正确的东西会因环境和时间的变化而变得不再正确。

事情没有绝对,真相也不止一个。对于我来说,房地产投资的真理是"为做自己喜欢的事情创造舞台";但对于某些人来说,"家族生意"可能才是真理。同样,对于我来说,选择房产的标准是"稳定性";但对于其他人来说,选择房产的标准可能是"收益率"。

投资房产的方式有很多:每周去看几处房产,与卖家进行多轮交涉;以最低廉的价格买下一处破旧房产,然后利用周末进行修缮和装修,进而提升其价值。

不过,对于我来说,由于还有很多其他的事情想去做,不愿在这些事情上浪费时间,所以即使牺牲一点收益率,我也会选择能够保持较高入住率的头部房产。

但是,对于其他人来说,收益率不高的房产就失去了投资的意义。因此,为了获得高回报,他们即使投入很多时间和精力也在所不惜。

我不是说这两种方式孰好孰坏,而是让你考虑自己想过什么样的生活，想选择怎样的生活方式，以及应该采纳什么人的意见。

毕竟做出选择的最终责任人是自己。

稳定性比收益率更重要

30年前，有人能预测到互联网的出现吗？有谁能预测到手机会普及到人手一台吗？

时代总是瞬息万变，而租赁经营一般是长达二三十年的长期生意。

也就是说，我们必须经历一个时代的变化，在此期间，我们完全不知道二三十年后会发生什么。

比如，车站后方的重新开发，可能会降低车站前方的人气，周边房租也会大幅下降。但是，谁都无法预料究竟会出现什么情况。

事实上，原本为工厂员工而建的郊区公寓的空房间越来越多。不管当时公寓的收益率有多高，如果不能维持下去的话就没有意义。

这就是为什么我选择在市中心的火车站附近购买房产。如果连日本关东一带都行不通的话，那么日本任何地方都指望不上。

当然，世界上没有绝对的事情。

正因为我们无法预知未来，所以我们现在应该选择更加可靠的选项。

那些繁华的地方当然会因为金额高而收益率低。

因此，如何平衡收益率和风险，就成了个人的决定。

房地产没有捡漏的机会

有的人主张捡漏。

但是，我们如果想要增加房产的话，那么依据当前的市场情况，在一定程度上有所取舍之后选择符合自己目标的房产不失为一条捷径。如若不然，我们很有可能在追求找到完美房产的路上终年彷徨。

即使房屋阳光不足，如果租金便宜的话，那么对于年轻的男性打工族来说，他们的需求"只是回去睡觉而已"，他们大多也会选择入住。即使房屋离车站较远，如果中途没有上下坡或信号灯，并且有穿过商店街的路线的话，这就会在很大程度上减少距离感，人们走夜路也比较安心，女性也会选择入住。

世界上有各种各样的生活方式和生活需求，特别是大都市，更是聚集了各式各样的人。

所以，我们需要想象一下这些人的需求。如果能够提供让住户觉得有吸引力的出租房屋，那么在任何时代，房屋都可能实现百分之百的入住率。

如果房屋条件非常好,但房租比市场价格便宜很多呢?租户在庆幸自己的好运之前,最好揣摩一下卖家的心理。

任何卖家都不会无缘无故地低价出售自己的房产。卖家肯定想多卖一点是一点。

反过来说,我们可以认为,高回报的房产(也就是以低价出售的房产)可能存在某种原因,导致该房产如果不低价出售的话就卖不出去。

例如,房屋需要高价维修费,难以租赁,社区人口减少,有传言说当地企业要撤离,等等。

我们的目的不是购买便宜的房产,我们不要顾此失彼。

正因为是工薪阶层所以要经营租赁业务

我一直强调:"从今往后的时代,不分年龄、性别或职业,任何人都应该拥有一个无须工作就能获得收入的'稳定的副业收入来源'。"如果我们能够做到这一点,那么我们:

- 可以不用去做自己讨厌的事情,只专注于自己喜欢的事情。
- 可以尝试新事物,不用担心失败。

第 3 章　生钱的技能

- 可以不因为缺钱而放弃。
- 可以拥有更多的选择。
- 可以将更多的时间用在自己身上。

要想过上这样的生活，其中一个方法就是投资房地产。

尽管如此，很多人还是认为"房地产跟自己无缘"。

但是，我们的生活跟房地产是分不开的。为了生活，我们不管是租房还是买房，哪怕是开店或租办公室，都会涉及房地产。

房地产距离我们如此之近，我们不应该因其属于一种"投资品"而与之疏远。

也许正因为房地产与我们的距离足够近，我们才会把投资房地产想得更复杂。

当我还是一个上班族的时候，我就已经拥有了十处房产，包括一居室的公寓和独栋公寓，每个月可以到手100万日元的房租收入。

由于我的年收入超过1000万日元，所以我不必为了生计而奔波。只要过得不太奢侈，我即使不去工作也能生活下去。

那么，我究竟是怎样做到的？

因为我是公司职员，所以我能够贷款。因为我能够贷款，所以我能用首付款购买房子。因为我能买房，所以我才有房租收入。

事实上，公司职员的身份是非常有利的，但是有多少人知道"公司职员的身份产生经济价值"这一事实呢？

这意味着，那些不知情的人与那些充分利用公司职员特权的人会产生很大的差距。

第4章

花钱的技能

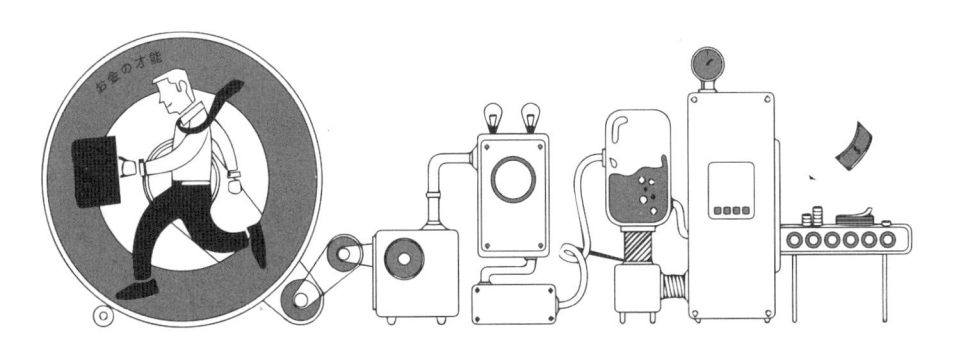

让钱花得更有价值

知道如何花钱，就不会被金钱左右

在所有的理财技能中，一个至关重要的因素就是"花钱的技能"。

无论喜欢与否，我们始终生活在一个让金钱不断循环的社会体系中。反过来说，那些不花钱的人会被排除在社会体系之外。

正如俗语所说"金钱是经济的血液"，金钱只有在循环中才能发挥作用。

就像水停滞后会发臭一样，如果我们只赚钱不花钱的话，金钱的流动就会停滞，新的收入就不会进来。

那样的话，我们就不是拥有金钱的人，而是"拥有存款的人"。

例如，日本有许多老年人，他们虽然在银行有几千万日元的存款，但是因为担心出现意外情况，所以一直忍着不花，最终留下巨额资产去世。即使他们知道钱带不到另一个世界，但现实中强烈的恐惧感还是让他们不敢随意花钱。

钱在那些会花钱的人身上会形成良性循环，所以他们在不知不觉中就会有钱进账。

总存钱不花钱的行为会阻碍金钱的循环，对于这样的人来说，钱就会越来越难进账。

我所尊敬的一位大富翁告诉我，"金钱就像浴缸里的水"。

如果你想把它们搜集起来，它们就会从你身边溢出，然后跑掉，但是如果你把它们挤出去，也就是说，如果你把钱花了，它们反而会聚集过来。

虽然大家都说"吃亏是福"，但人们仍希望既能抓住眼前的利益，也不错过日后可能获得的收益。

通过花钱让自己的世界运转起来

如果大家都畏畏缩缩地把钱存起来，钱就不流动了，人流和物流也会停滞，结果只会造成经济的停滞不前。越是在大家都不花钱的时候，我们就越要花钱。这种想法才

第4章 花钱的技能

会使经济活跃起来。

只有通过花钱，我们周围的环境才会发生变化。

比如：投放一则广告，看到广告的人会前来咨询；去职业学校之类的院校进修或者参加研讨会，我们的能力就会提高；通过邀请自己想见的人共进晚餐，我们可以建立新的人际关系。

一味地把钱存起来不会发生任何事情，但是通过花钱，人们会行动起来，自己的世界也将更广阔。

为自己花钱可以提升自己，为别人花钱可以与别人建立联系。在现代社会，我们一边花钱，一边实现自己的人生价值。

我们会在书店发现关于股票和外汇的所谓赚钱指南的书目不暇接。

当然，本书也属于这一类。然而，很少有书能像本书一样告诉你如何花钱。

人们非常关心如何存钱或让钱变多，但对如何花钱很少感兴趣。或许，大家普遍认为花钱是一件很容易的事吧！

浪费金钱确实很容易，但要改变自己的人生以及为他人做出贡献，提高花钱的满意度比想象的要困难许多。

真正重要且困难的是花钱，而不是赚钱。有了钱就能让生活更舒适、更丰富，这基本上是正确的。然而，世界上有很多人的财富高于平均水平，但他们的生活满意度低于平均水平。

金钱是一种难以驾驭的工具

说到底，金钱只是一种工具。不管金钱有多好，如果我们不知道如何使用它，它就毫无意义。如果我们使用不当，我们就会被打上"小气""吝啬""抠门"的烙印。

日本畅销书作家养老孟司先生说过："赚钱不需要教养，但花钱需要教养。"

的确，在当下的日本，只要不挑剔的话，工作要多少有多少，所以每个人都能赚钱。但是，金钱使用起来真的很困难。

由于工作的关系，我遇到过很多被称为成功人士的人，以及那些正在追求成功的人。这些人与其他人的不同之处在于"花钱方式不同"。

成功人士的花钱方式总是很"潇洒"。他们该花钱的时候毫不犹豫，不该花钱的时候一分钱都不浪费。也就是说，他们花的是"活钱"。

相反，日本的穷人花钱总是很谨慎：往往一点小钱也舍不得花，请人吃饭要ＡＡ制，出国不愿付小费，就连汇款的时候都要从应付的酬劳中扣除手续费。

由于他们这种无一例外的"吝啬"，人们只会记住他们"小气"的一面。结果就是，同样是钱却被花成了"死钱"。

第4章 花钱的技能

将同样的钱花在"活钱"上

在这个世界上,对于同样的钱,有的人花成了"死钱",而有的人花成了"活钱"。

A领导很关心下属,给了他们1万日元。如果这个时候领导说"大家一起去喝杯酒吧",下属肯定会觉得"领导太小气了"。

B领导同样给了下属1万日元,说的却是"大家一起去喝杯茶吧",这时候下属会兴奋地说"领导真阔气"。

同样花了1万日元,A领导被骂成吝啬鬼,B领导则因出手大方而受人尊敬。

因为A领导花的1万日元是"死钱";而B领导只花了1万日元就达到了3万日元的效果,也就是"活钱"。

我们从花钱的方式中就能够看出人的性格。

一些人通过花钱的方式获得了信誉,而另一些人损害了自己的信誉。

我们需要对如何有效地花钱更加敏感。

感到不安的时候更要花钱

当收入减少或经济动荡时,很快就会有更多的人为了生活不超支而削减开支。

这是一个错误的想法。因为这种想法会让社会陷入思考停滞状态，导致经济规模不断缩小。

企业也一样，一旦经济不景气，首先削减广告宣传费用，所以销售额会越来越少。相反，正是因为经济不景气，我们才要把钱花在吸引顾客的广告和促销上。

个人也一样，越是生活不稳定，越要把钱花在如何增加收入上。如果想要拓展人脉的话，我们就要把钱花在餐饮上。如果想要提高技能的话，我们就要把钱花在书籍和学习上。

花钱就是投资

我们需要尝试树立"花钱就是投资"的观念。

没有回报的支出算不上投资，所以我们不必在这上面投入大量资金。我们如果认为自己能够得到的回报多于支出，就要毫不犹豫地付钱。也就是说，我们要意识到这种金钱的使用方式。

在与他人吃饭的时候，我会主动付钱。不管对方是什么样的人，大家在一起吃饭喝酒的次数是有限的。因此，我想尽可能用美味的酒菜来招待他们，同时不让他们担心饭钱的问题。

这样一来，和我在一起的几个小时可能会在对方的记忆中留下美好的印象，说不定对方会想再次见到我。这有可能成为一种缘分，促使我们发展成为好朋友或者建立工作上的联系。

对于我来说，这些酒钱是建立良好人际关系的投资。

相反，当一个人吃饭的时候，我们通常只会吃一些非常简单的东西。因为一个人在品尝美味的时候，只能满足自己的味蕾，倒不如赶紧吃完，以便把时间和金钱花在其他的地方。

那个曾经处于工薪阶层的我，在比与他人约定的时间早到的时候，基本上会在便利店站着翻翻书或者杂志。

现在的话，只要时间允许，我就会找一家咖啡馆待着。虽然我要付咖啡钱，但是考虑到可以在那里查看资料，梳理自己的想法，其实一点也不浪费。

如果遇到搭乘地铁需要30分钟而乘坐出租车10分钟就能到达的情况，那么我会毫不犹豫地选择出租车。我不仅可以节省20分钟的时间，还可以一边乘车一边打电话，从而实现时间的有效利用。如此一来，我支付的车费其实早就赚回来了。

关于花钱的方式，重要的是，不怕麻烦，在每次花钱的时候都试着停下来想一想"这些开销会给自己带来什么"，以及"自己到底是在为怎样的价值买单"。

把钱花在自我投资上

作为投资对象的自己值得信赖吗

在所有的投资中,最能收到可靠回报的是自我投资。

而且,投资越多,效果就越明显。我们真正需要创造的资产应该是那些用过之后不会消失的东西。

但是,在能够自然而然地形成"花钱进行自我投资"的想法之前,我们需要有意识地坚持下去。

虽然我们心里清楚"这是一项投资",但是由于长期以来养成的习惯和思维方式已经根深蒂固,所以我们需要在一段时间内与自己内心这种"太浪费了""不想花钱"的声音做斗争。

第 4 章 花钱的技能

能否赢得这场斗争，完全取决于我们"是否对自己的未来深信不疑"。

所谓的投资，其实就是为了获得回报，因此一般来说，回报率高的东西才会成为投资对象。

如果能把现在2亿日元的终身收入增加到3亿日元，那么每年100万日元的自我投资绝不会让人感觉昂贵。

我们之所以觉得花100万日元用来自我投资太多了，是因为自己内心深处觉得，100万日元投资在自己身上不会获得太多回报。

我们经常说，"要把收入的10%用于自我投资"，但这个比例太小了。

如果你觉得自己的人生不会仅此而已，那么你可以把一半（至少三分之一）的收入用于自我投资。

你可能会觉得"这根本办不到"或者"那样的话就没办法生活了"。在此，请各位读者冷静地回想一下自己平时是怎么花钱的。

例如，每个月支付多少住房费用（房租或房贷）？5万日元？10万日元？20万日元？

那么，每个月买书的钱又有多少呢？1万日元？

大家觉得有问题吗？如果把住房作为一项投资的话，那么支付的住房费用在经济上并没有多少回报。

另一方面，书籍会让自己成长起来，所以我们可以期待投入的资金在未来五年或十年之后会以更大的数额回报自己。

然而，如果我们用来买书的钱只有住房费用的十分之一，那就意味着我们承认自己这个被投资的对象将来只能创造所居住房屋十分之一的价值。

你如果是一个相信自己能够成长的人，就会毫不畏惧地把钱花在自我投资上。那些不能把钱花在自我投资上的人，不相信自己会真正成长。

也就是说，这意味着他们不相信自己的未来。

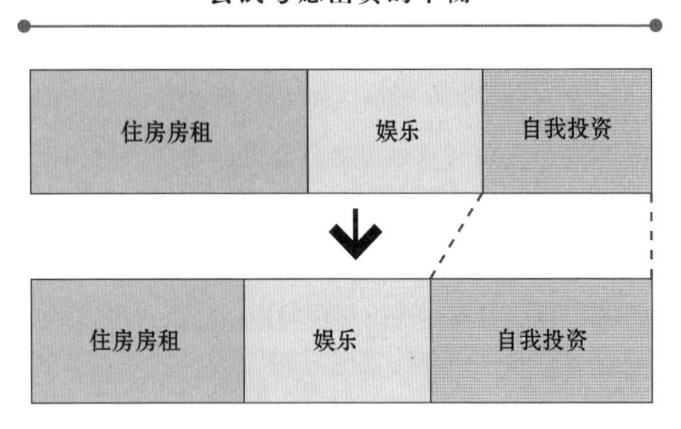

尝试考虑出资的平衡

住房房租	娱乐	自我投资

↓

住房房租	娱乐	自我投资

经验才是最大的自我投资

自我投资的渠道不仅限于书籍、学习研讨会或学校，也并不是说对工作有直接帮助的投资才是自我投资。

我们可以通过欣赏歌舞来感受国家文化，通过住高级酒店享受一流的服务。我们还可以学习钢琴和茶道，体验一些人们不常做的运动（比如跳舞或者搏击），利用假期去留学或者旅游……总而言之，重要的是自己经历了什么，以及从中感受到了什么。

一个做管理顾问的朋友告诉我："有三样东西可以拓宽人的境界，分别是与人见面、读书和旅行。"

比如旅行，我们可以接触拥有不同历史的城市，接触从未见过的大自然，接触不同的文化和价值观。这样一来，不管愿不愿意，我们都会不由自主地思考这些与自身的差异。

在日本，无论什么时候，只要打开水龙头，水就会流出来。但在一些国家，情况并非如此。另外，有些国家的人即使生病了也看不起医生，还有些国家的人不能自由选择职业。

这种体验会拓宽自身的思维框架。

只要愿意花钱，任何人都可以买到东西。即使是做同样的事情，每个人从中获得的感受也不一样。

而且，有了经验之后，我们积累的智慧只属于自己，没有人能够模仿，也没有人能够夺走。这就是经验有价值的原因。

怎样才能更加"高大上"地花钱

花钱购买一流的体验

我建议大家到高级餐厅用一次餐,或者在一流酒店住宿一晚。我们可以享受一流的接待服务,接触到这些场所中人们的言行举止。

对于服务来说,除非我们亲身体验,否则很难理解它的价值。

这就是为什么没有亲身体验过的人会执意认为自己不需要这些服务,也没有意愿去成为一个能够享受这些服务的人。

但是,只要享受过一次一流的服务,我们就会明白为什么要花这么多钱。

这些经历显然会给我们带来影响。而且，这些经历会促使我们认真思考什么是酒店服务，以及什么是客户满意度。于是，从第二天开始，我们的行为就会发生改变。

在一流的酒店喝茶

有一种论调认为，即使年收入为300万日元，我们也能过上舒适的生活。

的确，也许我们可以重新考虑一下自己的生活计划，以确保年收入300万日元的生活也没有问题。然而，我担心的是，一个人如果认为自己年收入300万日元足矣，就会失去上升的动力。

如果你一再认为只要年收入300万日元就可以生活下去，那么无论是吃饭还是旅行，你都只能在这个收入范围内寻找令自己满意的东西。

持有这种观念的人，丝毫没有把年收入提高到1000万日元或3000万日元来获得更高级别服务的想法。

换句话说，这样的人等于主动放弃了扩展能力的机会。

我们如果没有亲自感受世界上有些人正在享受的舒适生活，就不会立志成为一个配得上这种一流服务的人。

这就是为什么我们一定要体验一流的服务，即使超出了自己的经济能力范围。因为一个人一旦满足于现在的处境,就永远摆脱不了这种处境。

我们能做的最快的事情就是到一流酒店喝茶。对于习惯在咖啡厅谈工作或制订策划方案的人来说,不妨偶尔利用一下一流酒店的休息室。许多在工作日的白天使用这些豪华酒店休息室的人都是世界各地的高管。

虽然一杯咖啡可能要1000日元,但是,当我们被这些人包围,与他们在同一空间里谈工作或者在电脑上处理工作的时候,我们会觉得自己也是这些高管中的一员。

而且,我们会产生总有一天自己也会成为一名高管,并且能够一直在这种地方工作的想法,从而激发我们的工作动力。

把钱花在别人身上

要知道你的生活也是靠别人投资维系的

我们自己才是最大的投资对象,对此很多人可能会说:"每个人都明白这一点。"

然而,你有没有意识到"从出生到现在,你身上已经投入了庞大的资金"呢?

那么,到底是谁特意选择了你这个人作为投资对象的呢?

比如你的父母,除了食物、住房和教育这些直接花费之外,如果将花在抚养孩子上的时间和精力都换算成金钱的话,那么你的父母在你成年之前已经在你身上投入了庞大的资金。

既然是投资，那么他们当然想要获得某种回报。那么，父母在对你进行投资的时候，期望你能带来什么样的回报呢？是照顾他们的晚年生活，还是承担家庭开支呢？

其实，父母期待的并不是金钱方面的回报。一般来说，父母是为了孩子的幸福而投资的。看到自己的孩子长大成人，有着丰富多彩的人生，这才是父母对养育孩子这项投资所期待的回报。

而且，孩子也教会了父母很多东西，只有通过养育孩子，父母才能成长为真正的父母。父母与孩子一起经历的所有快乐、悲伤、愤怒和感恩都是回报。

此外，小学和中学这种义务教育等同于社会对我们的投资。也就是说，社会利用国民的税收来投资，目的在于培养能够担负起国家未来的人才。

此外，如果你是上班族的话，那么公司也会对你进行相当多的投资，比如为员工提供教育培训或者宿舍。公司之所以设立这样的制度，是因为公司期望从员工身上获得超过这些制度的回报。

当然，除了父母和公司，还有兄弟姐妹、朋友、前辈、晚辈、上司、下属……各种各样的人以建议或支持的形式对你进行持续不断的投资，无论是过去还是现在。正是因为接受了这么多人的投资，你才造就了现在的自己。

这样看来，我们更要为自己的人生负责，不可荒废人生。

第4章 花钱的技能

如果你坚持认为"反正这是我自己的人生，即使活得随心所欲也不会给其他人带来麻烦"，那么结果不仅会给别人带来麻烦，还会给那些一直以来都相信你和投资你的人造成损失。对于投资，我们的职责不就是以超出预期的回报来报答投资人吗？

我们的职责就是通过学习提高自己的价值，努力工作赚钱，然后把这些钱回馈给社会。

让别人赚钱，自己也会赚钱

赚钱其实很容易，只要先让别人赚钱就行了。

如果你接受了一份报酬为10万日元的工作，你就要努力提供20万日元的价值。这样一来，对方就可以额外获得10万日元的好处，他们会十分乐意接受这种超出预期的成果。然后，再有其他工作的话，他们还会交给你。

但是，如果把这个顺序颠倒过来，金钱就不会流向那些想先让自己赚钱的人。

如果你摆出的姿态是"一开始我就要做20万日元的工作，所以你要把20万日元一分不少地付给我"，对方就会有"既然要花大价钱，那么一定要物有所值"的心理，于是工作难度一下子就提高了。

而且，对方会认为你的努力是理所当然的事情，所以他们不会对你产生"人超所值"之类的惊讶或兴奋。

又或者，好不容易你的工作满足了对方的期望，对方却只记得你是一个对金钱斤斤计较的人。那样的话，对方恐怕不会再找你合作了。

越是对金钱抱有执念，人们就会离你越远，金钱也会离你越远。

用餐的理由

第一次约女性时，不光是我，恐怕大多数男性会说"你愿意和我一起吃个饭吗"。

另外，不管对方是男性还是女性，如果双方初次见面时聊得兴致勃勃，那么临别时一方主动提出"下次一起去喝一杯吧"，也是比较常见的情景。

无论是异性还是同性，每个人都本能地知道，当一个人想跟另一个人更加亲密的时候，双方一起吃美味的食物或者一起喝酒会更有效。

这个道理适用于全世界所有的国家和地区。事实上，一起喝酒吃饭会加深沟通，可以拉近双方的距离。

在公司里，招待费听起来总是给人一种不太名正言顺的感觉，也有人认为这些费用对生意来说完全就是浪费。

也许确实存在这方面的原因，但是对于跟客户一起吃

第 4 章　花钱的技能

饭这件事，如果善加利用的话，生意就会风生水起。

因此，我觉得我们可以更加光明正大地说出"一起喝一杯吧"。

如果我们想跟对方一起吃饭，但又没有钱的话该怎么办呢？这时，我们不必特意逞强去昂贵的餐厅，廉价的餐厅也能让你有所收获。

操作起来其实很简单。

为什么选择这家店？只要你把理由告诉对方，他们就会感受到你的诚意，从而生出更多的感激之情。

"这里的生鱼片特别好吃。"
"我一定要让你尝尝这里的炖牛筋。"

只要你适时地加上一句，"我邀请你来这家店是有原因的"，对方就不会觉得"什么？你居然请我来这么便宜的饭店"。

按照自己的价值标准花钱

我真的需要这个吗

不管你买了多好的东西,如果放置不用的话,就跟把钱扔掉是一样的。

比如,只穿过一次的衣服,只读过一次却没有付诸实践的书,只试过几次的健身器材,玩厌了的游戏和玩具……

为了避免这种情况发生,在购买之前,我们应该试着想象一下自己正在使用这些物品的具体情形。如果想买一台笔记本电脑的话,那么我们可以试着想想自己每天随身携带这台笔记本电脑,有时间就去咖啡馆工作的情形。

"我好像不会在外面工作吧……""我没有经常去咖

啡馆的习惯啊……"如果你这么想的话，你就算买了笔记本电脑，也不会使用，只是放着积攒灰尘而已。

只要养成这样的习惯，你就不会产生"不买半价商品就吃亏"的想法，也不会挤进甩卖会场。

对于我们来说，不知道用不用的东西，即使是半价也没有必要购买。

避免不必要的购物

想象一下自己真正需要的东西

花钱购买的是价值而不是价格

在购物中，重要的是，我们是否认为商品或服务的价值与所支付的价格相称。换句话说，我们不是从商品价格中推断价值，而是判定它的价值是多少。

重要的不是价格标签上写的金额，而是我们从中能够获得的回报。

价格的高低并不能决定商品的价值。

如果我们明白了价值和价格的区别，那么无论是穷游还是富游，我们都能享受旅行过程。我们既能吃得下吉野家的牛肉盖饭，也能到高级料理店用餐。我们既能穿意大利材质的高档西装，也能适应优衣库的衣服。我们既可以用皇家哥本哈根的餐具招待客人，也可以成为逛便宜小店的高手。

如果我们能根据自己的价值观，而不是根据价格高低来判断的话，我们就会对自己的选择更有信心。

这样一来，我们就不会在意周围的目光，也就不会为了虚荣而买单。

人们通常认为，商品的价格越高，它的价值就越大。然而，这个世界上有很多东西价值低、价格高，或者价格低、价值高。

如果我们对品牌过度依赖，我们就无法培养辨别事物的眼力。因为我们一旦被虚荣心或自尊心支配，就会盲目地相信品牌，因为我们已经无法看清事物的价值。

要想了解事物的真正价值，我们不要和别人给定的价格相比较，而是要坚信自己认可的价值，也就是把握"自身行情"。

第 4 章 花钱的技能

要有计划性和自制力

有钱人有计划性和自制力,所以他们不会把钱花在一时的虚荣和欲望上。相比之下,穷人缺乏计划性和自制力,所以他们会在虚荣和欲望的驱使下购买自己不需要的东西。

这就是为什么一些人会说"穷人的钱是最好赚的"(得穷人者得天下)。

例如,"白领金"高利贷[①]在被严格监管之前是一项非常赚钱的生意。为什么这么说呢?因为它针对的是没有金钱计划的人。这样的人太多了,以致不断有人由于借钱太多而无法偿还,政府便开始加以限制。

这些人根本没有意识到,相同的借款金额,银行免费贷款和"白领金"高利贷存在高达5%的利差。电视广告之所以经常宣称"花钱要有计划",正是因为有些人缺乏计划性才申请了"白领金"高利贷,所以上述提示自然就被忽视了。

他们懒得去想自己到底赚了多少钱,生活成本是多少,以及可以消费的限度在哪里。

然后,他们受到电视广告的影响去买东西。他们在书中读到的成功法则很难付诸实践,然而他们一旦有了消费

---

① 一种主要面向个人(以工薪阶层为主)的小规模商业贷款。——译者注

欲望，就会马上采取购买行动。

恐怕没有比他们更傻的冤大头了吧！

相反，面向有钱人的生意尤其困难。为什么这么说呢？因为他们既有计划性又有自制力，企业的广告策略以及营销策略总是被他们轻易看穿，因此他们不会受到企业的操纵。他们并不认为仅仅因为拿到一本豪华的小册子或者在一间豪华的会客室里谈生意就有必要支付高昂的手续费。

我们要先搞清楚：到底自己坚信的是什么，要为怎样的价值付款，以及这些开销会给自己带来什么。总之，我们需要有意识地培养计划性和自制力。

有过度消费倾向的人为什么会停止使用信用卡，而改用现金支付？因为刷卡不会让人感觉到掏钱的痛苦，所以人们刷卡消费时一不小心就会超支。如果是用现金的话，人们就会直观地感受到钱被掏出去的痛苦。

投资自己的外表

常言道，"工作要交给那些看起来很忙的人"，金钱也是如此。

所以，即使没有钱，我们也要扮作一副有钱的样子，给别人造成一种自己正在赚大钱的印象。这一点很重要。

虽然人们常说"一个人重要的不是外表而是内在"，

第4章 花钱的技能

但实际上，一个人留给他人的印象好坏在很大程度上取决于外表。

事实上，你会想找一个身穿皱巴巴西装的顾问进行咨询吗？你会想把工作交给一个看起来就不会赚钱的人吗？

我认识一个房地产公司的领导，他最近买了一辆新的奔驰S级轿车。当然，由于最近的房地产市场不景气，他的钱并不宽裕，但他故意表现出花钱随心所欲的样子。就这样，他谈成了一笔20亿日元的写字楼生意，赚的钱除去奔驰轿车的1500万日元，还有盈余。

以前，我从一个企业家前辈那里听到过这样的话："我见过无数成功人士。穿高级西装的人会慢慢成为适合穿这种西装的人，并且会越来越成功。然而，那些在西装上吝惜投资且整天穿着皱巴巴西装的人，几乎不会成功。布料自不用说，就连西装的领口形状、扣子的系法，懂的人一眼就能看出差别。讲究穿着的人的西装，乍看起来很朴素，却能让人觉得'这个家伙有一手'。打扮奇特并不是个性。在同样的环境中，如何让自己闪耀光芒才是真正的个性。"

听了这番话，我也马上订购了几件用意大利进口面料制作的西装。

然后，不可思议的事情发生了。

穿上它之后，我浑身就像上紧了发条，我不仅有了更大胆的想法，而且会在商务谈判中理直气壮地谈条件，还会在派对上表现得从容不迫。当我去店里消费的时候，店员对待我明显要比对其他客人礼貌得多。

我听说过一家销售保健品的公司采取了这样的策略：当公司的接线员穿上白大褂时，尽管电话另一端的客户看不见，但接线员的应答很有说服力，从而提高了顾客的购买率。

这应该就是服装的"身份标识"效果吧！

第5章

赚钱的技能

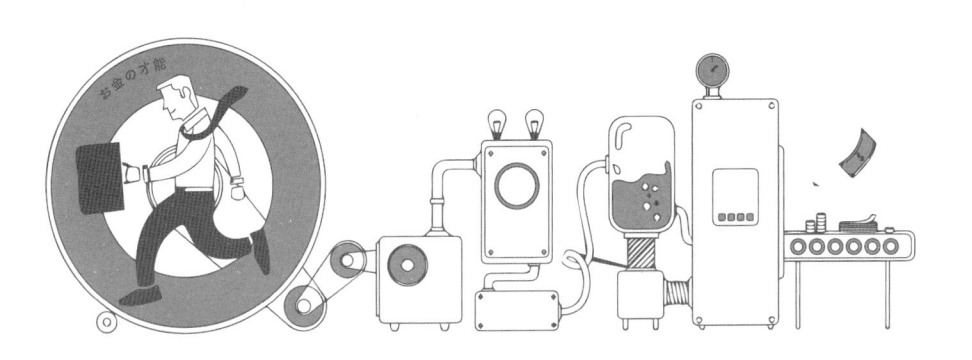

就算孑然一身也要有赚钱的能力

即使存款为零也完全不是问题

现在,有人可能会因为没有存款而感到悲伤,有人可能会抱怨年收入很低,但完全不用担心这些。

因为重要的是,我们要有不停地赚钱的能力。即使我们没有存款或者年收入很低,只要今后能够不断提高赚钱的能力即可。

无论时代(好坏)、地点(城市、乡村、海外)、环境(人际关系、资金、时间)如何,赚钱的能力都是要有的。这种自信会给我们带来精神上的从容和真正的稳定。

只要有"无论去哪里都能赚钱"的自信,我们就能不管世界如何喧嚣，都可以不受任何人干扰地生活。换句话说，活出自己就是赚钱的能力。

拥有独立赚钱的信心才能创造真正的稳定

我心目中的"稳定"是，即使没有房子，没有存款，没有朋友，孑然一身，仍然有能力在三年内赚到1亿日元。

真正的稳定并不是通过找到一份全职工作、升职或者积累大量财富获得的。即使是在外企拿高薪的员工，也不知道明天会发生什么。对他们来说，无论有多少积蓄，一旦过上靠存款度日的生活，那就再无宁日了。

一个人如果没有能力靠自己赚钱，就不得不投身于公司。为了不被公司解雇，无论是考取资格证书还是读MBA，大家都只是在努力成为一个更好的员工而已。

一个人如果不确定自己能赚多少钱，就得依靠他人，只能继续被迫应对变化的世界，这样一来就会一直处于不自由、不稳定的状态中。

工作让人生丰富多彩

我的一位熟人说，他的一个朋友在20多岁时创办公司大获成功，然后在30多岁时卖掉了公司，一下子赚了几十亿日元。

他说："现在我终于可以放松了。"于是，他搬到了夏威夷，享受着冲浪和打高尔夫球的退休生活。但他在不到一年的时间里又回到了日本，开了一家新公司，然后又开始了忙碌的生活。

好不容易过上了理想中的生活，为什么还要结束"退休"生活回来重新工作呢？

他说："游戏终究是游戏。冲浪和打高尔夫球也不是为了成为职业选手，我总有一天会厌倦的。爱好和娱乐终究不能成为人生的支柱。我发现，只有日常工作才能让我的周末变得充实，只有平时忙碌才能让我真正享受爱好和娱乐。同时，我深深体会到，不与人打交道，不投身于被他人所感谢的活动，是多么的孤独和没有满足感啊！"

他的这番话浓缩了一个生活意义的要素。

那就是，我们要通过工作与社会建立联系，感受到社会的需要，感受到生活的满足。

我在美国的时候，听说那些年轻时赚到钱并提前退休的人往往比那些工作到退休的人去世得更早。

当听到这些的时候，我们会觉得一个人如果没有社会角色，也就是没有工作的话，就会感觉不到生活的意义。

赚钱的逻辑：普通人的生财之道

工作使你成长并丰富你的生活

游玩　　　游玩　　　游玩

→　→

每天都在玩，那就太无聊了！

人们之所以觉得玩让自己很开心，是因为他们有工作

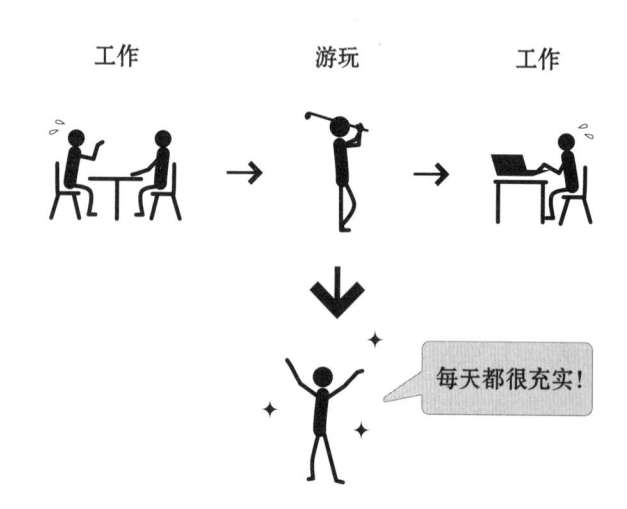

工作　　　游玩　　　工作

→　→

每天都很充实！

正是因为不景气所以才要尝试创业

资格认证的陷阱

也许有一天资格证书会成为一张废纸。

因为我觉察到,拥有资格证书却没能赚到钱的人的数量似乎正在迅速增加。

资格证书的致命缺点是,人们无法通过考证获得现代商业中必不可少的能力,因为资格认证只是出题、给出正确答案,并且以报考者死记硬背为主,无法教人们如何赚钱。

在职业学校,学生拿到课本,被告诉学习的重点,然后进行模拟考试,一切都早已安排妥当,剩下的就是高效地记忆,提高答题能力。

但是，在现实的商业生活中，我们是赤手空拳的。在一无所有的情况下，我们需要有制订工作计划、做出最佳选择、思考以及把想法商品化的能力。

"先取得资格证书"，可能会浪费我们大量的时间和精力。

这就是为什么我们需要先想好"怎样赚钱"，然后再开始行动。

其实，资格证书对晋升和跳槽没什么帮助。持证者中有不计其数的穷人，这也能说明证书对创业没有帮助。

这是我通过取得美国注册会计师资格证书收获的一大反思。

靠头脑发财的时代即将来临

我之前讲过，年收入300万日元的人和年收入3000万日元的人的区别在于他们思考的能力。

只要动动脑筋，拿出高附加值的东西，我们就可以每小时赚5万日元，而不是每小时赚800日元。我们可以建立一个激励他人的机制，即使自己不工作，别人也能为自己赚钱。

一旦被纳入系统之中，我们就不得不跟随系统做出行动。但是，如果我们能身处建立和控制系统的位置，系统就会为我们赚钱，我们才能实现人身自由。

我将思考能力产生的收入称为"大脑收入"，现在正是大脑收入的时代。

重要的是，如何好好利用我们所学到的知识，而不是通过读书来获得理解。我们需要积极发现问题，而不是被发生的问题困扰，从而找到书籍和网络中不存在的答案。

然后，我们将其商品化，把它放进一个能让人们付钱的系统里。

从"储蓄—投资"到"投资—创业"

经济不景气导致许多优秀的人才因本国大公司和外企裁员而失业。

当然，这些人都很优秀。虽然很多人重新就业了，但是一些不再相信企业的精英开始了新的行动。

这就是创业的增长。我周围有越来越多的人，正打算创业，或者已经开始创业。

在经济不景气时，各种机会都会增多。

比如，商店和办公室的租金会大幅下降，创业者能够以低廉的价格租到它们。事实上，我有好几个朋友都是公司职员，但是他们另外经营着餐馆。

企业可以留住优秀的人才。在经济景气时，优秀的人才都被知名的大公司抢走了。而当人们因为就业困难而无法找到工作时，即使是中小型企业也可以雇到优秀的应届毕业生和有经验的员工。

另外，企业的广告成本显著下降。由于打广告的客户数量减少，企业就可以用超低的价格打广告。

就成本而言，经济不景气反倒是一个创业的机遇。而且，在销售方面，建立一个在经济不景气时也能畅销的商业模式，也是为取得胜利提供机会。

无论如何，对于那些觉得"储蓄—投资"或"工作—退休"是一种不稳定的生活方式的人来说，"投资—创业"的生活方式将变得更加现实。

经济不景气时的种种磨炼将在日后得到回报

职业棒球运动员能否在下个赛季取得好成绩取决于开赛前的训练。

电视和报刊新闻会对比赛进行报道，我们会看到运动员的精彩表现。

但是，运动员比赛之余的自主训练几乎没有任何报道，所以无人知晓。

我觉得这里隐藏着一个成长的秘密。换句话说，大部分的努力是孤独的，是在别人看不到的地方完成的。

重要的是，我们看不到其他人努力的程度。比如某件事，我们认为自己做了一百次已经很多了，而其他人可能已经做了一千次或者一万次。

不仅仅是棒球运动员的成绩取决于训练，我们在经济不景气时做什么，以及做得彻底与否，都将影响在即将到来的经济恢复期里收益能力的大小。

近来有股风潮，提倡人们要平衡工作和生活，不要加班，认为敷衍了事、悠忽度日也不是一件坏事。

对于个人来说，这真的是一件好事吗？

不过，这可能孕育着一个机会。

在经济不景气之际，我们要比任何人都努力，为自己创造一份工作。如果对自己的能力没有信心，我们就用时间来证明。

我也曾这样弥补自己能力的不足，现在也是如此。这样，我们就可以把数量转化为质量。

我身边所有成功的管理者，都经历过不眠不休的严峻考验。

"游民式"自由职业者大显身手的时代

"数字游民"是《经济学人》提出的一种工作种类。这些人是拥有最新信息技术的"游民式"自由职业者。

技术的发展意味着，人们可以随时随地展开工作，同时保持自由职业者的身份，不需要办公室，也无须受人管理。

"游民式"自由职业者

- 咖啡馆就是办公室
- 随时随地查阅邮件

的确，随着无线网络、在线存储以及社交软件的普及，交流和信息共享不再是难事。

开会的话，酒店的休息室就足够了，因为形式灵活自由，所以对空间的要求就少了很多。

此外，对大公司来说，一个有能力的自由职业者的优点是既便宜又好用。

在我的朋友圈里，有些人以这种方式拿着比大公司员工更多的年薪。

有些人即使不是正式员工,也可以在自由工作和高额年薪之间取得平衡。社会大环境正在变得如此。

未来会赚钱的人必须具备什么能力

从专家到超级通才的时代

在经济泡沫破灭之后,之前的"通才"被否定,"专才"开始受到追捧。然而,我觉得社会需要的是一个能够重新定义商业模式并且能够赚到钱的超级通才。

这意味着,今后的人才要能够胜任多重角色,成为复合型人才,无论是市场营销、销售、企划、宣传、招聘还是培训。

如果仅仅拥有单一技能,无论具有何等高度的专业性,只要不对口,我们就会面临被淘汰的风险。

第 5 章　赚钱的技能

通过技能与技能的衔接，迈向多元智慧

对于一个人来说，只拥有单一技能是很难生存的。因为很多人会在单一技能上表现出色，比如精通金融的人或精通 IT 的人。

比如英语，你可能比不过留学生，可谓"强中自有强中手，一山更比一山高"。

那么，你为什么不去做独一无二呢？

独一无二意味着，你是这个世界的"第一人"。然而，无人涉足的领域并非俯拾即是。

因此，通过综合多个领域的技能，你可以实现人无我有、人有我优的差异化竞争。如果你对金融和IT有一定的了解，对英语也有一定的了解，那会是一番怎样的情景呢？

如果你只会说英语，那么你可以当口译员，但是公司不能把艰难的谈判和管理工作交给你。如果你仅仅精通IT，你就没有机会与国外技术人员共同开发项目。

但是，当你能够跨领域工作时，你的工作范围就会迅速扩大。即使你的英语能力比不上留学生，但你还有金融和IT方面的技能，你在公司也会很受欢迎。如果你擅长英语，再加上法律和技术方面的专业知识，那么你擅长的英语会变得越来越有用。如果你擅长销售，同时还掌握市场营销和金融方面的专业知识，那么你擅长的销售会发挥越来越大的作用。这种人才并不是传统的"专才"或"通才"，而是拥有多种跨领域的专业知识，同时又能鸟瞰整体并进行管理的多才多艺的人才，即拥有多元智慧。

先从彻底掌握某项单一技能开始

首先，我们要彻底掌握某项技能，不要满足于一个"半吊子"的水平，要努力成为公司里首屈一指的人物。

其中一个原因是，这样，我们会"变得更加自信"；另一个原因是，我们的感性认识会得到磨炼，我们的洞察力会得到提高。

比如，书法高手在看别人的作品时，能看出"他在这里运笔停顿了一下"；专业棋手在观看别人对局时，往往能发现"这一步棋是一个巨大的挑战"。

换句话说，对于同样的一件事情，当个人技能达到高水平时，我们就会从中看到普通人看不到的价值。这就是所谓的直觉和品位。

拓展周边领域

当我们在一个领域达到一定的高度时，吸收其他类似领域的知识就会变得更容易。为什么呢？因为事物的本质并没有多大的差别。

第 5 章 赚钱的技能

例如，管理的本质并没有很大的差异。这就是为什么即使路易斯·郭士纳来自纳贝斯克这家食品公司，也可以在IBM（国际商业机器公司）这个完全不同的公司大显身手。

交流的本质也是不变的。因此，一个写作好的人只需要一点谈话技巧、演讲技巧和辩论技巧，就能很快地进步。

你如果有丰富的知识和经验，就能将其应用到其他地方。例如，你作为销售人员的技能可以扩展到"宣讲""市场营销""谈判"上。如果你是一个系统工程师，那么你可以把相关知识和经验扩展到"逻辑思维""项目管理""建导"[①]上。你可以通过拓展自己的擅长领域，建立与多元智慧的联系。

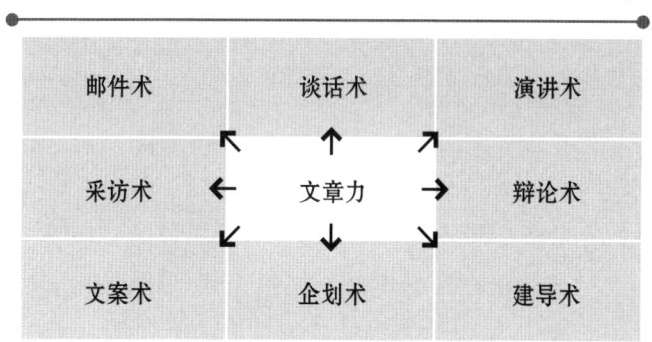

彻底掌握某项技能，就可以将其应用于周边领域

邮件术	谈话术	演讲术
采访术	文章力	辩论术
文案术	企划术	建导术

---

① 建导（facilitation）是指通过让他人积极参与形成活跃氛围，从而达到预期成果的过程。这种成果可能简单到学习一项新技能，也可能复杂到解决一个跨组织和部门的复杂问题。总之，建导的作用在于积极引导他人主动参与互动过程。——译者注

未来的教养意味着对社会问题有自己的看法

有人说,阅读古典文学对教养的养成很重要。当然,一本经久不衰的经典之作可能会对教养有所帮助。

然而,在世界如此迅速变化的当下,对于商人来说,这一代或下一代所需要的教养究竟是什么?我觉得有必要对这里的"教养"进行重新定义。

由于工作的原因,我有机会与国外(比如韩国、新加坡和美国)的商界人士进行交流。在过去的几年里,我们常常谈及一些话题:

"你对环境问题及其对策有何看法?"
"你对各国的能源政策有何看法?"
"你认为20年后的基础货币会是欧元吗?"
"你如何评价美国的经济政策?"

此时,如果你仅仅谈别人的观点,而没有表明自己的观点,那么你们是无法将谈话继续下去的。

我们偶尔也会谈到电影,但很少谈到绘画、古典音乐或古典文学。

不止于此,有些话题,比如"史蒂夫·乔布斯演讲中的那句话(当然是英语)很俏皮啊",如果你没有看过他的演讲,你就无法搭话。

第 5 章 赚钱的技能

如果对方没有读过陀思妥耶夫斯基或川端康成的书，那么即使你读过，这些内容也不可能成为共同话题。

我也经常和年龄相仿或比我年轻的日本经营者交流。与文学相比，《灌篮高手》这样的漫画会成为我们的共同话题。当然，我交往的主要是三四十岁的商人，对象范围可能不够广泛。但我明显地感觉到，人们追求的"教养"正在发生变化。

未来的教养意味着，人们对环境问题、能源问题、粮食问题，以及贫困、疾病和教育等全球共同关注的社会、政治和经济等主要问题，拥有独到的见解。

追赶高水平的亚洲人

日本在人均 GDP 上已经被新加坡超越，迟早也会被韩国、中国和印度超越。

因为各国对教育的态度不同，所以这绝非无稽之谈。首先，尽管美国经济有点不景气，但美国大学的教育水平仍然是全球首屈一指的。

而中国和韩国的顶尖学校正在努力赶超美国。

此外，印度也正致力于开展技术教育。印度理工学院是亚洲教育水平最高的大学之一，其中许多学生赴美留学，在世界范围内都有良好的人脉关系。

然而，日本的大学在培养国际通用型商务人才方面远远落后。

不学习的国家会被学习的国家剥夺对经济的控制权。

满嘴都是不加班以及要平衡工作和生活的日本人的工作可能会被海外的人抢走。

不学习的人，要去给学习的人打工。不创造工作的人，要被迫给创造工作的人打工。这就是全球正在发生的事情。

如何进一步提高自己

让营销成为自身技能和业务的一部分

无论什么工作,如果没有需求,我们就赚不到钱。技能也是如此。

如果一个人获得了MBA学位,但市场上没有适合MBA人才的岗位的话,他就只能抱着金碗挨饿了。那么,未来的MBA需求会变大吗?据说,美国有不少人尽管通过学费贷款拿到了MBA学位,但他们收入的增长低于预期。迫于还贷压力,他们的生活反而变得更加艰难。这样一来,我们就不知道自己到底在做什么了。在创业中,把自己喜欢的事情变成工作,热爱自己的工作,是脱颖而出的必要条件。

但是，如果自己喜欢的事情没有市场，那就是天方夜谭了。

那些没有核心竞争力却急于独立创业的人，往往会被卷入提供培训或咨询服务这类竞争激烈的市场当中。其原因在于，这种培训类市场无须初始投资且不存在库存风险。

如果我们没有建立差异化优势的领域，也没有独特的切入点，那么价格战往往会导致投入劳动越多、收获越少的致贫风险。

我们需要意识到这一点，并尽快改变方向。很多人就这样拖着不做出改变，随着年龄越来越大，最终成为一个"穷忙"的个体户。

所以，为了避免让努力变得毫无意义，我们需要以市场的逻辑思考所需学习的内容。例如，十年后的社会会变成什么样子，需要什么样的人才，以及为此我们必须做些什么？

每天早上看报纸会实现差异化吗

如果经济不景气，我们的处境和收入会怎样呢？如果公司倒闭了，我们能想出比现在更好的赚钱方式吗？

第 5 章 赚钱的技能

有些人认为自己即将陷入不稳定的状态,这意味着他们没有能力或方法来建立差异化。

如果我们不能与他人区分开来,我们的收入和生活就会受到经济状况的影响,我们就始终摆脱不了不稳定的状态。

但是,那些有能力实现"与众不同"的人,可以不受经济和国家发展趋势的影响,持续稳定地获得高报酬。

因此,我们需要思考"应该做些什么来实现差异化",并从这个角度去优化我们的行动。

当我们这样想的时候,我们应该做的是看电视吗?是每天早上看报纸吗?是去考取资格证书或者读MBA吗?

一般人嘴上会说"差异化很重要",但是他们又会下意识地把时间花在搜集任何人都能获取的信息上。我们如果冷静地思考,就会发现这与差异化策略是背道而驰的。

或许有人认为,"话虽如此,但如果不知道大家都知道的事情,也会产生差距"。

但是,一天只有24小时。为了让自己80年的人生实现最大的幸福,我们还需要拿出勇气摒弃那些无益于差异化的东西。

专注于培养独立赚钱的能力

我基本上是一个鼓励在一段时间内拼命工作的行动

派。但同时，为了防止思维停滞，我也是一个强烈推崇"思考"的思考派。

为什么我们需要拼命工作？因为若能在短时间内一口气达到一流水平，我们得到的东西就会大不相同。

当积累了大量的经验，我们就会培养出一种被称为"直觉"的判断标准。一旦掌握了进步的诀窍，有了"只须如此，就能成功"的自信，我们就会更容易适应环境的变化，因为我们对获得新能力没有畏惧之心。

另外，"不顾一切地做"意味着要做彻底，这会增强我们的耐力和深入思考的脑力。

更重要的是，通过密集的工作，我们可以快速找出问题，这样就可以迅速找到下一步发展的方向。例如：是继续，还是放弃；是自己干更好，还是联合别人一起干更好；如何实现运营体系化，从而让自己放手？

但是，如果我们只是埋头于公司的工作，忙碌地度过每一天，我们就会发现公司的兴衰和自己的兴衰已经融为一体，只能依附公司。

因此，我们需要一种工作方式，把自己从做流水线工作的状态，即按照吩咐干活的思维停滞状态中拯救出来，从而从战略上提高自己的赚钱能力。

这意味着，我们要学会创造客户，将自己的想法和资源商品化，从而建立一个不依赖于自己工作时间的持续赚钱机制。

第 5 章 赚钱的技能

曾经，有一位管理者对我说："所谓的上班，就是那些不能自己创造顾客或不能靠自己的技能赚钱的人所从事的职业。"

要知道自己身处哪种盈利模式

就像投资中的所得收益（红利）和资本收益（交易收益）一样，我们首先要考虑正在做的工作和打算要做的工作是属于所得收益类型还是资本收益类型。

这里所说的所得收益类型就是"耕作型"，即使每次的销售额很小，但是通过分配机制也能不断获得红利的模型。

电力公司和服务器托管公司属于典型的所得收益类型企业，尽管它们每个月从每位用户那里只能收取3000日元或1万日元，但由于客户群庞大，其收入很稳定。

在个人业务上，例如签订顾问合同，只要我们能增加服务对象的数量，收入就会稳定。会员类的业务和特许经营业务也是如此。

所得收益类型的工作不易受到经济景气与否的影响，并且具有超过某个阈值后收入来源增大、收入变得稳固的特点。因为即使经济不景气，我们也要用电，也要继续运营公司网站。

但是，电力公司需要资金和融资能力来进行设备投资；而在个人业务上，如果所提供的服务没有实质的内容或差异化的技能，收入就会很有限。

另一方面，资本收益类型属于"狩猎型"，尽管每次拥有爆炸性的销售额，但是从业者肩负着必须不断拓展客户的宿命。

猎头公司和房地产销售公司属于资本收益类型企业。在日本，猎头公司的佣金是年收入的30%~35%，如果一个人成功跳槽后年收入达1000万日元的话，猎头公司就能收到300万~350万日元的佣金。在日本，房地产销售公司如果能卖出一套市值2000万日元的公寓，就能获利300万~500万日元。

前者既不需要资本投资，也不需要资金；后者如果是销售代理，也无须投入资金。

但是，资本收益类型企业的从业者必须不停地工作，那些身体素质好的人往往更适合这种夜以继日的高强度工作。

另外，此类工作具有易受经济波动影响的特点。当经济不景气时，这些行业往往首当其冲。

在此，我不是想说孰好孰坏的问题，而是希望你能了解一下自己现在所处的位置，以及今后你希望前进的方向。

这样一来，你就知道你是否应该进入某个行业，或者你进入了某个行业后应该建立何种盈利模式。

第 5 章 赚钱的技能

不停地锻炼自己

为什么管理者和商业人士会在百忙之中参加跨行业交流会？这并不是因为他们想要交朋友。

大多数人是去寻找业务合作伙伴并拓展业务的。

没有明确的目的就去参加交流会只会让我们手中的名片变多。

我们会惊讶地发现，尽管我们花了整整一个周末努力工作，认识的人也越来越多，但没有构建起一个可以用于真实商业环境中的人际关系网。

真是浪费了大把的时间。

所以，考虑一下这是不是你现在应该参加的交流会。我们必须尽早远离那些"希望能增加人脉"和"有目标相同的伙伴很开心"之类的交流会。

从参加交流会中获益的方法是制作自己的个人名片，然后用它来获得一份工作。也就是说，我们要把跨行业交流会作为自己副业的销售活动场所。

用自己的名字而不是公司的名字能拿到入场券吗？

要想做到这一点，我们必须考虑自己能展示什么与众不同的东西，以及能提供什么样的差异化服务。能够在那里找到一份工作是我们不依赖公司生存的基础。

如果我们离开公司也能赚钱，或者能在年收入不降的情况下跳槽，我们生活中的焦虑就会减少。

然后，我们就可以一门心思专注于"创造价值"，享受生活。这就是"用自己的品牌来取胜"的意思。

对金钱心存感激

很多人对"赚钱"一词有不好的印象。但是，赚钱是一种非常可贵的行为。

赚钱的原则：提供价值，让对方高兴，然后作为回报，获得金钱。

所以，如果我们能让对方非常高兴，我们就能赚到很多钱。换句话说，金钱是用来表达"感谢"的。

反过来说，那些不能取悦消费者的商家或企业，是不会赚到钱的。赚不到钱，就是因为他们没能让消费者高兴而已。

那些随意批评赚钱或者说"生活不是为了钱"的人，往往没有自信去取悦别人，只是在为自己赚不到钱辩护而已。

所以，从现在开始，我们要堂堂正正地赚钱。

有些生活方式不用投资

逛书店的时候，我们会发现资产管理指南类的书遍地都

第5章 赚钱的技能

是,大家依旧有重视资产管理的倾向。本书也是其中之一。

投资就像工作一样,我们通过不断学习和积累经验,可以获得一定的回报。但我不认为每个人都要去投资。

就如同概率虽小,但总有人中彩票一样,既然有数百万人参与金融交易,那么一定会有人可以大赚一笔。媒体会找到这些少数赢家,把他们的事迹写成文章或书来宣传造势,但是人是各有所长的。

这不是能力的问题,只是价值观和生活方式不同而已。

我主要投资房地产,我会在房地产价格暴跌的时候买入,因为我想专注于我的本职工作。随着市场波动而喜忧参半是愚蠢的,而且花时间研究股票也是没有意义的。

我基本上属于推荐投资的一派,但我不认为投资者很聪明,也不认为那些什么都不做就把钱存入银行的人是愚蠢的。相反,我认为与本职工作相比,投资的优先级应该靠后很多。

日本人在风险资产上的投资比美国人少,有人说这是日本人金融素养低所致。但那些美国人在投资上蒙受的巨大损失也是大家都知道的。

因此,我们也要听听诸如"最好别投资"的建议。我们还可以下定决心"不碰金融产品"。现实中,很多人不愿承受风险,不敢让金钱为他们工作,而是自己工作、赚钱、存钱,以备不时之需。

此外,"巧用养老金,让退休生活更加富裕"也可能会让有的人觉得这是一个不恰当的建议。

与仍然能够工作和重新来过的年轻人相比，那些没有太多时间去挽回损失的老年人，是否值得冒风险拿自己晚年宝贵的资金去做投资呢？

也有人认为，"养老金也会变少，仅靠工作存钱是不够的"。但这是一种基于旧的生活方式——"退休就隐退，不再工作"的过时想法。

我们无须让自己的生活适应公司的制度，退休后仍然可以选择继续工作，直到不能工作为止。

至此，有人可能会想："难道是让我用鞭子抽打那些垂老的身躯去工作吗？"这是一个未能认清工作本质的人说出的话。

归根结底，努力工作赚钱是为别人提供价值和接受感谢的可贵行为，而且工作本来就是一件快乐的事。

虽然大家梦想着过退休之后的生活，但是你不觉得这种生活很狭隘吗？

当一个人热衷于某事时，他会废寝忘食，全神贯注。我认为，最理想的生活方式就是，先忘我地工作，等意识到这个问题的时候，赚的钱也就变多了。

掌握更多的理财技能

了解征税机制

由于国家是以累进税率对个人收入征收所得税的,所以个人赚得越多,税额就越高。

因此,为了保护你的资产,你需要尽量减少现金流。换句话说,税收知识是保护资产所需的知识之一。

当然,你可以把具体的工作交给税务会计师之类的行家,但是了解税收机制可以帮助你更好地与他们沟通。

我的朋友(妻子不上班,有一个孩子)在一家外企工作,年收入3000万日元,每年被扣缴的税金共计950万日元（700万日元的所得税和250万日元的居民税[①]）。

在日本，一旦忽略了社会保险金，即使你赚了3000万日元，收入也会减少将近1000万日元，到手只有2050万日元。

但是，我有同样的年收入，却不需要缴纳所得税，居民税每年也只要10万日元，到手能拿到2990万日元，两者相差了940万日元。

为什么会发生这种事呢？

事实上，在缴纳税款方面，工薪阶层的就业形式是很吃亏的。

因为公司代表国家进行预扣税和年终调整，个人无法控制税收。

对于国家来说，这是一个非常方便的制度。从"在能拿到的地方拿"的征税理论来看，工薪阶层就是十足的"冤大头"。

而且，他们不会抱怨，他们可以像养鸡场里的鸡蛋一样，被任意拾取。

相比之下，个体经营者和中小企业主则可以更好地利用税收机制，充分受益。

[①] 在日本，居民税是一种地方税，是都、道、府、县或市、町、村等地方政府向居住在该地的人或在该地设办事处的公司等征收的税。——译者注

第 5 章 赚钱的技能

账面没钱但现金流充沛的策略

个体经营者和中小企业主会出现账面亏损但拥有充足的流动性资产的现象。

一般来说,人们会认为"盈利"是有利可图的,而"赤字"是无利可图的,但现实并非如此。当然,除非你赚得盆满钵满,但如果是同样的销售额,亏损更能省钱。

这里有两个诀窍:

- 可计入收支经费的差异。
- 会计损益(严格来说是应税收入)和现金流之间的差异。

对销售额减去开支后的应税收入以一定的税率进行征税并确定税额就是税收。

工薪阶层的情况基本一样,工资收入是自动生成的。在日本,应缴税额是扣除医疗费、赡养费等费用后,乘以相应的所得税税率的结果。居民税也是以一定的税率(原则上一律为10%)对收入进行征收的。

换句话说,如果你想降低税收,那么你只须降低收入即可。

而在日本,个体经营者和中小企业主最大的好处是,他们可以将个人的家庭生计带入应税收入的计算中。

工薪阶层必须用税后的收入喝咖啡或者买电脑。

但是，如果能利用个体经营者和中小企业主的形式，你就可以把这些都算在开支经费里，只须按照减去这些之后的剩余部分进行缴税。

灵活运用"灰色地带"

例如，你花1470日元买了一本与公司工作无关的书，你能把这本书的费用算入开支经费吗？还有，你能把你和家人一起去夏威夷旅行的旅费算入开支经费吗？

工薪阶层做不到，但个体经营者或中小企业主能做到。

只要说明购买此书是为了撰写工作稿，购书费就能成为开支经费。虽然是全家去了夏威夷，但此行的主要目的是商务考察，因为商务谈判后的聚会需要家人出席。所以，这笔旅费也可以成为必要的开支经费。

换句话说，只要你能解释"开支属于项目所需经费"，那么原则上，你可以把所有的钱都算作经费（当然，这里不包括交际费或那些信口雌黄的经费）。

这是逃税行为吗？

在日本，如果本人的说法合理，税务部门基本上是接受的。也就是说，这个行为是合法的。

发现了吧，这里有一个广阔的"灰色地带"。

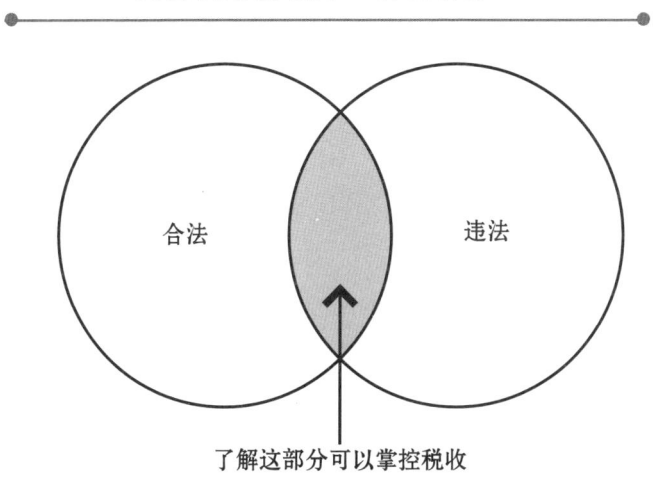

灵活利用税收的"灰色地带"

合法　　违法

↑
了解这部分可以掌控税收

建立个人避税天堂

灵活运用"灰色地带",大步迈入"利权世界"。

为什么说是"利权世界"呢？在世界很多国家,税收体系早已是一套有利于富人和政客的制度。

因此,要想从中受益,你要先"成为一个个体经营者"或者"创立自己的公司"。

在日本,很多医生、艺人和运动员拥有自己的公司,并致力于更好地避税。有些人年收入上亿日元,却几乎不缴税。据说,人们有时会认为那些名字出现在高额纳税人名单上的人是避税失败的人。

> **避税天堂**
> 为了吸引外资而特意给予税收优惠政策的国家或地区。

通过副业获得通往"利权世界"的护照

在日本，如果你是一个工薪阶层，同时又是一本商业相关图书的作者，你就能从版税收入中扣除你"能够说明"的那些为了写作和销售图书所花费的费用，比如电脑费、文具费、参考书籍费、作为写作场所使用的咖啡店费、调查差旅费、与编辑会面所需的餐饮费等。

如果你是一个普通的工薪阶层，那么你必须用税后的收入来支付这些开销。如果你有持续的副业收入（通过申报属于商业收入），那么这些开支也可以纳入税收计算。

因此，如果你能计入比版税收入更多的开支，你的业务收入就会出现赤字。

业务收入是综合征税，可以与工资进行损益总计。换句话说，如果你的工资收入是500万日元，而你的业务收入是亏损100万日元，你的收入就是400万日元。

税务部门先将公司给你的500万日元进行预扣税，但是本来应该对实际综合收入400万日元征税，所以实际缴纳的税金会变少。

也就是说，你可以通过退税拿回多扣缴的部分。而且，在日本，第二年的居民税也会更便宜，人们到手的钱会变多。

这种方法也可以用于副业，比如进行平台推广或者开网店。

让房地产发挥避税机器的作用

为什么有钱人会买房子并将其出租，因为房子是一种优秀的资产，可以兼顾投资和避税。

也许有人会担心"房租收入增加，那税金也会增加，所以最终赚不到多少钱"。

事实上，由于"会计收益"与实际"现金流收益"不同，所以这不一定意味着"租金收入增加"等于"税收也增加"。

恰恰相反，不同的房产和不同的购买方式都会带来明显的避税效果。

这是因为你可以计入"折旧费"这种不带现金流的开支经费。

我在此不做详细的解释。一般来说，在日本，只要是房地产投资，那么即便是纯粹的资金流，通过在会计账面上体现亏损也可以降低收入，以达到降低税收的目的。

有钱人的孩子还能免费读幼儿园

当你看到某人开着奔驰去托儿所接送孩子时，你应该想过"他们家一定很有钱"吧？

在日本，认可托儿所①的收费通常是基于一个家庭在上一年度缴纳的所得税金额而定的。

缴纳的税额越大，托儿所的费用就越高；而缴纳的税额越少，托儿所的费用就越低。所以，简单来说，人们往往认为有钱人缴纳了高昂的费用。

但你知道吗？他们中的一些人是几乎不缴纳托儿所费用的。

在日本，托儿所的费用因市、町、村而异，比如第一个孩子，每个月最低5000日元，最高6万日元，差距相当大。

这么大的差距对家庭生计的影响也不一样。

如果这种情况发生在一个普通的上班族家庭，他们由于无法左右纳税金额，就只能缴纳高昂的托儿所费用。

但是，个体经营者、中小企业主和房地产投资公司使用上述方法可以让所得税变少。因此，即便是年收入很高的有钱人，其托儿所的费用也能很便宜，所以钱就会越攒

---

① 认可托儿所是日本厚生劳动省管辖内的儿童福祉设施，完全符合国家规定的运营方针、面积大小及设备、保育员的配置等严格的标准，并且由都道府县的知事认可运营。——译者注

越多。

此外，廉租房的租金会因收入增减而有所变动。在日本，高收入工薪阶层不能入住廉租房，但是有些富人能以低廉的租金入住廉租房。

廉租房的停车场里经常停着奔驰或宝马，其中的奥秘大同小异。

通过上述方式，我们可以了解税收体系如何运作并充分利用其相关制度，从而留住更多的钱。

如果年收入超过1000万日元，就不要纳税了

在日本，职业运动员和艺人非常喜欢投资房地产。

换句话说，这些职业是不稳定的，因为"赚钱的时候要缴纳巨额税金，而且职业生涯短暂，所以难以规划赚不到钱时的生活"，而投资房地产可以让上述情况变得有利——"赚钱的时候就买房子避税，赚不到钱的时候就靠租金过日子"。

但是，房地产投资不仅仅是这些高收入者的特权，工薪阶层也可以使用同样的方法。

在日本，通过投资房地产，我们可以获得更多的退税。如果居民税减少，我们每个月到手的实发工资就会增加。这意味着，我们可以享受避税带来的双重优惠。

通过这种方式,我们可以建立一个能最大限度地提升劳动价值的个人避税体系,以尽量避开那个一赚到钱就要缴纳所得税和居民税的国家税收体系。

现在,你明白踏入"利权世界"的意思了吧!

我听说更厉害的人在海外的小岛上设立了法人。在日本,即使是工薪阶层,通过副业和房地产也能省下一大笔资产。

如何避免因继承遗产而造成财产缩水

有钱人需要采取遗产保护措施来保护他们的资产,但事实上,大多数人是不会缴纳遗产税的。

原因是基本扣除数额巨大。

在日本,基本免税额(5000万日元 + 1000万日元 × 法定继承人人数)是可以免于计算应课税款的金额。这适用于所有继承人。

例如,某位丈夫去世了,他有一个妻子和两个孩子,基本免税额就是8000万日元(5000万日元 + 1000万日元 × 3)。如果他没有估值超过8000万日元的财产可供继承,遗产税就是0,也无须申报。如果他有1亿日元的财产,那么超过8000万日元的部分(2000万日元)会被征税。顺便说一下,这种情况下的遗产税是100万日元。

第 5 章　赚钱的技能

可继承的财产不足以被征税,并不意味着"与我毫不相关"。

因为即使不产生遗产税,继承遗产时发生分歧的概率也相当高。最大的麻烦就是继承人之间会产生分歧和争执。

在孩子们面临继承遗产之际,你要提前避免孩子们发生争执。所以,你最好学一点相关的基础知识。

例如,在日本,你可以购买租赁性质的房产,或者建立一个以家庭为股东的法人实体,并以法人名义拥有全部的资产。

后　记

　　由衷地感谢你将本书读完。
　　你读完本书后的感受是什么呢？
　　也许有人会觉得"这对普通人来说很难实现"。
　　但是，到底是谁将你定义为"普通人"的呢？那只不过是你在随意决定自己的上限而已。你只是在为自己设定一个框架，然后自我屏蔽框架以外的所有信息而已。
　　在公司会议上，或许有些人会说"我们这样做已经很多年了，我们还可以像以前一样"，或许还有些人会说"我们做这个已经很多年了，尝试一下新事物吧"。
　　双方的观点可能都是正确的。那么，哪种观点更有前景呢？
　　美国前总统林肯说过："不管你认为你能做到还是不能做到，两者都是正确的。"

后　记

　　认为能做到的人会去尝试，这种行为会改变自己以及周围的环境。然而，认为做不到的人是不会去尝试的，所以他们永远改变不了当下所处的环境。

　　也许有人会说"这不过是理想主义"。但是，没有人会质疑：带着理想的生活和一开始就选择放弃的生活，其结果是不一样的。

　　既然如此，人生就要有崇高的理想，要为实现梦想而奔走。

　　梦想最有趣的时候就是奔向它的时候，因为正如俗话所说的，"忘我"就是梦想之中的境界，人们最有成就感的时候就是在做成某件事情的过程中。

　　最后，我非常感谢神吉出版社的谷内志保先生，他坚持不懈地将本人大量的手稿整合成了本书。

参考文献

[1]《如何构建终身在职社会》,横石知二著,软银出版。

[2]《不被骗的养老金、医疗和护理入门》,铃木亘著,东洋经济新报社出版。

[3]《如何摆脱"知识的衰落"?》,大前研一著,光文社出版。

[4]《现在就要知道的资产管理理论》,竹中正治著,光文社出版。

[5]《从巴菲特式投资中要学什么,不要学什么》,瓦罕·简吉恩著,平野诚一译,钻石社出版。

[6]《不为是否景气所左右的力量》,铃木智之著,快讯社出版。

[7]《九成的人为金钱而动》,向谷匡史著,钻石社出版。

[8]《如何无负担购买和使用自己的房子》,山崎隆著,钻石社出版。